TOMBEAU de NAPOLÉON.

NAPOLÉON

A SAINTE-HÉLÈNE,

OU

TABLEAU DES VEXATIONS ET DES SOUFFRANCES SANS NOMBRE QUE HUDSON LOWE, GOUVERNEUR DE CETTE ILE, A FAIT ÉPROUVER A L'EMPEREUR JUSQU'A SES DERNIERS MOMENS ;

CONTENANT

LES DÉTAILS DE SES FUNÉRAILLES,

ET SON TESTAMENT ;

SUIVI

DE L'APPEL A LA NATION ANGLAISE SUR LE TRAITEMENT ÉPROUVÉ PAR L'EMPEREUR NAPOLÉON.

PAR M. SENTINI,

Huissier du cabinet de l'Empereur.

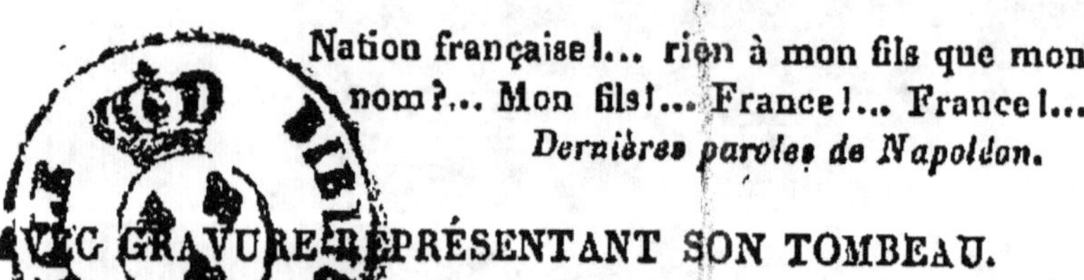

Nation française !... rien à mon fils que mon nom ?... Mon fils !... France !... France !...
Dernières paroles de Napoléon.

AVEC GRAVURE REPRÉSENTANT SON TOMBEAU.

PARIS.

PHILIPPE, LIBRAIRE,

RUE DAUPHINE, N° 20.

1829.

NAPOLÉON

A

SAINTE-HÉLÈNE.

SAINT-DENIS.

IMPRIMERIE DE CONSTANT-CHANTPIE,
Rue de Paris, n° 8.

NAPOLÉON

A

SAINTE-HÉLÈNE.

Nous croyons qu'il sera agréable au lecteur que nous commencions ce récit des vexations que sir Hudson Lowe fit éprouver à Napoléon, en lui faisant connaître le geôlier de ce prince. En conséquence, nous allons donner une biographie de sir Hudson Lowe, lieutenant-général au service de Sa Majesté britannique, et gouverneur de l'île de Sainte-Hélène. Cette biographie est extraite d'un journal anglais.

Le peu de matériaux qu'on a pu réunir jusqu'ici sur le lieu de la naissance et la famille de sir Hudson Lowe, rendent l'un et l'autre problématiques. On suppose généralement qu'aucune partie des trois royaumes unis ne peut revendiquer l'honneur de lui avoir donné le jour, et qu'il est né dans une de nos garnisons d'outre-mer. Mais ce point est très-peu important, et l'on aura, sans doute, bientôt des renseignemens certains à ce sujet. La partie la plus remarquable de l'histoire de sir Hudson Lowe est parfaitement connue. Pendant la dernière guerre avec la France, il commandait un corps appelé les *chasseurs corses*, lequel était composé de prisonniers de toutes les nations alors en guerre avec la Grande-Bretagne, et qui, ayant jugé à propos de violer le serment de fidélité qu'ils avaient prêté à leur patrie, s'étaient engagés au service de l'Angleterre. Ayant eu l'honneur insigne d'effectuer un pareil recrutement, sir Hudson Lowe se distingua aussi par la discipline sévère qu'il introduisit dans son corps. Il servit environ trois ans avec ce régiment, dans l'île de Capri, où, pendant tout ce temps, il fut mis à la tête de l'espionnage établi par la vieille Caroline et les autorités anglaises, entre Messine et le royaume de Naples. Les faits suivans, dont nous garantissons l'authenticité, prouveront avec quel talent sir Hudson Lowe s'acquitta de l'honorable emploi dont il était chargé, et les services éminens qu'il rendit à ceux qui lui avaient donné leur confiance.

Les trois principaux espions employés par sir Hudson-Lowe pour surveiller les incidens qui pourraient arriver à Naples, porter des dépêches dans cette ville et en rapporter les réponses, étaient payés par le ministre de la police napolitaine, *Salicetti*, dans les bureaux duquel ils portaient tous les papiers qui leur étaient confiés. Les lettres et papiers, après avoir été soigneusement examinés, étaient envoyés à leur destination, d'après les ordres de *Salicetti*. C'était pour se procurer de pareilles intelligences qu'on entretenait, dans une île inutile, un gouverneur, une garnison de 1500 hommes, soutenue par une escadre de vaisseaux de guerre et une flottille de chaloupes canonnières; qu'on dépensait des milliers de livres sterling pour services secrets. Cet ordre de choses continua jusqu'à ce qu'un des généraux français *, à la tête d'une force bien inférieure à celle qu'avait sir Hudson Lowe, s'empara de l'île, qui ne tint que peu de jours, quoique ses fortifications ne fussent surpassées en bonté que par celles de Gibraltar et de Malte. Cet événement, si peu attendu par nos commandans de terre et de mer, ne surprit pas ceux qui savaient d'où le gouverneur de Capri tirait ses informations. Les personnes chargées des affaires d'Angleterre dans la Méditerranée peuvent seules expliquer pourquoi l'on n'a fait aucune enquête sur la perte de Capri.

* Maximilien Lamarque, qui, suivi de mille à douze cents braves, débarqua sur la plage de l'île, en escalada les affreux rochers avec des crampons de fer, et s'en empara après une faible résistance.

Envoyé ensuite dans les îles Ioniennes, Hudson Lowe parvint à se faire porter sur la liste de l'état-major de l'armée, lorsque lord N. Bentinck alla prendre le commandement des troupes anglaises en Sicile; et par une circonstance plus heureuse encore, il fut nommé agent militaire près l'armée prussienne, commandée par le maréchal Blücher. Dans cet emploi, il se distingua par la clarté de ses rapports et des détails qu'il donna des opérations du maréchal dans la campagne de 1814. Il est évident qu'il se servit alors d'une autre plume que celle qui a transmis, depuis, ses dépêches de Sainte-Hélène.

Nommé lieutenant-général; puis gouverneur de l'île dont ou avait fait la prison de Napoléon, Hudson Lowe, loin de montrer du respect pour une grande infortune, fit tout ce qui pouvait tendre à l'aggraver. L'homme que le glaive de la guerre avait épargné pendant vingt-cinq ans, *il l'assassina à coups d'épingles.* Après la mort de son prisonnier, le gouvernement anglais lui donna pour récompense de sa conduite à Sainte-Hélène la propriété du 93e régiment d'infanterie, propriété qui lui rapporte 20,000 livres sterling.

A son retour à Londres, il répondit par des imputations injurieuses aux justes reproches qui lui étaient adressés au sujet de sa conduite envers Napoléon et les compagnons de son exil. Le fils du comte de Las Cases, qui avait eu gravement à se plaindre du geôlier de Sainte-Hélène, alla à Londres pour lui en demander raison.

On sait quel fut le résultat de leur rencontre ; on sait aussi qu'Hudson Lowe crut ne devoir remettre qu'au *glaive de Thémis* le soin de venger *un outrage qui n'avait pas été fait par le glaive* *. Il eut sans doute des raisons pour en user ainsi ; mais

---

* On dit que Las Cases, ne pouvant obtenir satisfaction de l'ex-gouverneur, lui donna un coup de cravache sur le visage, en jetant son adresse dans la voiture de ce dernier.

ces raisons ne parurent pas bonnes à tout le monde ; plusieurs personnes les improuvèrent publiquement, et le club de *l'union*, auquel il se présenta, refusa même de l'admettre au nombre de ses affiliés.

Nous ne parlerons pas du coup de poignard que le jeune Las Cases reçut en rentrant chez lui pendant que l'ex-geôlier de Sainte-Hélène se trouvait à Paris, événement qui donna lieu à des soupçons que rien n'a justifiés ; nous terminerons cet article en rappelant à ceux qui peuvent l'avoir oublié, qu'Hudson Lowe ayant eu la bassesse de se présenter à la cour d'Autriche après la mort de Napoléon, il fut repoussé avec indignation et obligé de quitter Vienne sur-le-champ.

DESCRIPTION DE SAINTE-HÉLÈNE.

L'ILE Sainte-Hélène est située entre le
15e degré 55 m. de latitude sud, et le 5e
degré 46 m. de longitude ouest, sous les
vents alisés sud-est. Elle a environ dix
milles et demi de longueur, six milles
trois quarts de largeur, et vingt-huit milles
de circonférence. Sa partie la plus élevée
est *Diane's Peack*. La terre la plus proche
(l'Ascension) en est éloignée d'environ
six cents milles, et le continent le plus
proche (le Cap de Bonne-Espérance) en
est à douze cents. Son aspect est tout ce
que l'on peut imaginer de plus stérile et
de plus repoussant. Elle présente extérieu-
rement l'apparence d'une masse énorme
de rochers noirâtres, formés de différentes sortes de laves, qui s'élèvent de
l'Océan en précipices irréguliers, rudes
et perpendiculaires, et qui semblent brûlés

et scorifiés ; ils n'offrent aucune espèce de végétation ; ils sont élevés de trois à quinze cents pieds ; et l'aridité de leurs masses n'est rompue que par des ravins hideux, profonds et étroits, qui descendent jusqu'à la mer, et forment en quelques endroits des espèces de ports. L'île est un composé de laves réfroidies en différens états de fusion, qui, jointes à l'absence totale de toute substance primitive, à ses hauteurs en cône, au puzzolana, et autres productions volcaniques qu'on y trouve, prouvent clairement qu'elle a subi l'action du feu. James-Town, la seule ville de l'île, est située au fond d'un ravin profond en forme de coin, flanqué de chaque côté de précipices arides et effrayans qui la dominent, et dont les côtes et les sommets sont hérissés de rocs énormes et détachés, qui menacent continuellement les habitans de la destruction. Celui à gauche, en venant de la mer, se nomme Ruperts-Hill, et celui à droite, Ladder-Hill. Il y a une

route escarpée et étroite, appelée Side-
Path (le sentier de côté), pratiquée le
long du premier ; et une route commode
en forme de zig-zag, qui longe Lodder Hill,
et conduit à la maison de campagne du
gouverneur. La ville présente d'abord une
vue agréable, surtout pour ceux qui ont
été long-temps en mer, et ressemble à une
décoration de théâtre. En face de la ville
est Jame's-bay, le port principal, où les
plus grands vaisseaux sont en parfaite sûreté, attendu que le vent ne varie jamais
de plus de deux où trois points, souffle
toujours de terre, et qu'il est très-favo-
rable pour mettre à la voile. La ville consiste en une petite rue qui longe le rivage,
et qui s'appelle Marino, et en la grande
rue qui commence de cette dernière et
s'étend en ligne droite à une distance d'environ trois cents verges, où elle se divise
en deux plus petites. Il y a à peu près cent
soixante maisons, la plupart bâties en
pierres, cimentées avec de la vase, la

chaux étant extrêmement rare dans l'île. Les principales maisons en sont cependant enduites, et généralement blanchies et couvertes en bardeaux. Les autres sont couvertes avec des planches et de la terre. Il y a une église, un jardin botanique, un hôpital, une taverne et des casernes. A gauche de la baie, est situé le château, qui est la résidence de ville du gouverneur. Il y a quelques brasseries, où l'on fait de la bierre aussi bonne que notre meilleure bierre de table.

Les maisons sont en général fort propres à l'extérieur, bien qu'elles manquent de beaucoup des commodités et des agrémens de celles d'Angleterre. Ce sont presque toutes des boutiques, ou des hôtels garnis et des auberges. On peut se procurer des marchandises des Indes et anglaises; mais ces dernières sont à un prix énorme. Le thé est la seule denrée qui soit à bas prix. Lors de l'arrivée de Napoléon, les comestibles étaient très-rares; il était même fort difficile de s'y procurer les choses néces saires à la vie, et ce n'était qu'à des prix exorbitans. Le bétail était tellement rare, que c'était une affaire d'état que de tuer un bouvillon ; et il existait un ordre qui dé-fendait aux habitans de tuer, même leur propre bétail, sans en avoir préalablement obtenu la permission officielle du gouver-neur et du conseil. Les moutons sont très-petits, et pèsent de vingt à trente livres chaque. Le mouton, lorsqu'on peut s'en procurer, se vend depuis environ un shelling et demi à deux shellings * ; la volaille y est fort chère, elle coûte de six à dix shellings la pièce ; les canards, dix shellings ; les oies, quinze ; les dindes, de-puis une livre sterling cinq shellings jus-qu'à deux livres sterling. Il est très-diffi-cile de s'y procurer du veau, et il coûte environ deux shellings la livre ; le porc, un shelling et trois pences ; les choux, de-

---

* Le shelling vaut 1 fr. 20 cent., et la livre sterling 25 fr.

puis dix pences * jusqu'à une dèmi couronne pièce ; les carottes , un shelling la douzaine ; les pommes de terre , six à huit shellings le boisseau ; la douzaine d'œufs , cinq à six shellings. On y a quelquefois des pois, mais ils sont d'un prix exorbitant.

Le poisson le plus commun est le maquereau, que l'on y pêche en abondance. Il y a des *albicores*, des *bonetas*, des *bull'seyes*, des *cavalies*, et beaucoup d'autres sortes, et quelquefois, mais très-rarement, des tortues. On y trouve aussi une espèce d'écrevisse appelée *longues pattes*, et quelques espèces de cancres.

Il y a quelques paons sauvages, des perdrix et des faisans ; et c'est le seul gibier qui soit dans l'île. Ces derniers sont gibier royal, et réservés seulement pour le gouverneur. Il y a une amende très-forte contre quiconque en tuerait un, et ne

* La pence vaut 10 cent., et la demi couronne 1 fr. 50 cent.

l'enverrait pas sur-le-champ au gouverneur. On n'y voit point de lièvres, et il n'y a que très-peu de lapins. Le logement est excessivement cher ; il coûte cinq shellings par nuit pour les personnes domiciliées dans l'île, et dix pour les personnes qui ne font que passer. Le prix du logement et de la table est de trente shellings par jour pour une grande personne, quinze pour un enfant, et dix pour un domestique. On a, pour ce prix, une table médiocre et une petite portion de vin. Le porter anglais et tous les vins, excepté celui du Cap, y sont fort cher. La vente de toute espèce de spiritueux est prohibée. Les chèvres, qui y étaient autrefois en si grand nombre, et qui faisaient tant de tort aux jeunes arbres, sont presque extirpées. Les maisons sont remplies de rats et de souris, dont la quantité paraîtrait presque incroyable à tous ceux qui n'ont pas été à Sainte-Hélène ; et les ravages qu'ils commettent sont incalculables. On y est aussi incommodé par des essaims de moucherons de deux espèces ; l'une que l'on appelle moucherons de jour, et l'autre moucherons de nuit ; les piqûres sont insupportables. Il y a aussi un assez grand nombre de rougets, des scorpions et des centipèdes, ainsi qu'une espèce de mouche très-incommode pour les bestiaux et les chevaux. Les chenilles et les vers y sont dans une quantité étonnante, et les ravages qu'ils commettent sur les jeunes plantes sont presque incroyables ; on dit que des plans entiers de légumes ont été quelquefois entièrement détruits en une nuit par les premières. Le chauffage y est extrêmement rare et fort coûteux ; on est obligé de tirer le charbon d'Angleterre. Les ressources de l'île sont peu nombreuses. La main d'œuvre est excessivement chère ; la journée d'un ouvrier est ordinairement d'un dollar *, et celle d'un mécanicien de sept à dix shellings.

* Le dollar vaut 6 fr.

James-Town est défendue par une ligne de fortifications pratiquées le long du rivage, à gauche de laquelle (en venant de la mer) se trouve le port, ainsi que par des ouvrages maritimes du côté de Ladder-Hill, de Rupert's-Hill, et par les batteries de Munden et de Bank. Un pont-levis traverse les fortifications maritimes; et il y a une porte conduisant dans la grande rue, qui est fermée le soir. On approche de la ville, en tournant une montagne en cône, appelée *Sugar-Loaf-Point*; et les vaisseaux sont obligés d'envoyer un bateau pour déclarer leur nom, leur pays, etc., avant qu'il leur soit permis de jeter l'ancre. Outre ce port, il y en a cinq ou six autres, qui ne sont cependant facilement praticables qu'à un très-petit bâtiment.

Une source d'eau traverse la ville qu'elle alimente, ainsi que les vaisseaux qui sont dans la baie. Cette eau, du cresson, quelques végétaux et de la bière, sont les principaux rafraîchissemens que peuvent se procurer les passagers, ou autres, dont la bourse n'est pas bien garnie.

La population de l'île, non compris le militaire, s'élève à deux mille neuf cents habitans, dont sept cent quatre-vingts environ sont blancs, treize cents noirs; le reste se compose de Lascars, de Chinois, etc. Les blancs sont, ou d'origine britannique, ou natifs de la Grande-Bretagne. Cependant, les insulaires sont très-jaloux de ces derniers, et les regardent comme des intrus; ceux-ci à leur tour ont donné aux naturels le sobriquet de *Yam-Stocks* *. On y parle l'anglais, mais avec une prononciation barbare. La religion de l'église anglicane est la dominante. Leurs coutumes sont un mélange de celles anglaises et des mœurs des tropiques. Leur principale nourriture consiste en viande salée, riz et poisson; ils tirent le premier de ces articles par quantités qui leur sont

____

* C'est le nom d'une rue de Londres.

distribuées des magasins de la compagnie
des Indes, à des prix modérés. La viande
fraîche est un luxe que l'on se permet rarement, si ce n'est dans les hautes classes ;
encore éprouvent-elles beaucoup de difficultés à s'en procurer. Leurs légumes sont
ordinairement vendus ou échangés aux vaisseaux et aux troupes. Il n'y a que très-peu
d'années, l'île ne possédait pas une seule
charrue. Cependant, grâce aux soins de
l'ancien gouverneur, le major-général Beat-
son, il y en a maintenant plusieurs. La
plus grande partie des habitans sont des
marchands ; ils habitent la ville, et ne vont
à la campagne que pour leur amusement
ou leur santé. Ils ont, en général, peu d'é-
ducation ; et le petit nombre de ceux qui
ont été élevés en Europe, conçoivent bientôt à leur retour un souverain mépris pour
leurs parens et leurs voisins.

Le prix énorme des denrées et autres
choses nécessaires à la vie empêche nécessairement les habitans de déployer une

grande hospitalité. Les étrangers ne peuvent, en général, attendre des égards que de la part du propriétaire de l'auberge où ils logent. Quelques-uns sont les personnages les plus marquans de l'île, et comptaient parmi eux, il y a quelques années, le second membre du conseil. On y donne cependant quelquefois des soirées; et les jeunes personnes de l'île, dont quelques-unes sont fort jolies et fort ignorantes, n'exigent pas de longues assiduités, ni beaucoup de persuasion, pour se décider à quitter le rocher où elles ont pris naissance.

L'intérieur de l'île se compose alternativement de chaînes de montagnes et de ravins; les premières varient en hauteur, depuis six cents jusqu'à deux mille six cents pieds. Diana's-Peack, le point le plus élevé de l'île, est à deux mille cent quatre-vingt-dix-sept pieds au-dessus du niveau de la mer. La surface du pays offre les contrastes les plus frappans, et se compose d'une grande variété de montagnes et de vallées,

d'aridité et de verdure. Dans quelques parties, ce sont des rochers stériles et effrayans,
immenses, séparés par des abîmes profonds
et d'un aspect horrible, de plusieurs cen-
taines de pieds, perpendiculaires parsemés
çà et là de masses de rochers nus et détachés, et de quelques terre-pleins de verdure ; dans d'autres parties, ce sont de
verts pâturages et des jardins, ornés d'arbres et de maisons, qui s'élèvent dans la
vallée ou sur le penchant des collines. Quelque bétail, des moutons, et de temps en
temps un cheval, qui paissent sur les flancs
escarpés des montagnes, offrent à l'œil, fatigué de la vue de ces précipices affreux
et des ravins rougeâtres qui sont dans le
voisinage, un soulagement agréable. Ces
contrastes font trouver au spectateur la
partie cultivée de l'île, pittoresque et romantique. La vue dont on jouit de Sandy-
Bay-Ridge, et du sommet de Diana's-
Peak, est sublime. Cependant, la plus
grande partie de l'île est nue, et présente

un aspect stérile et repoussant ; la plupart des terres qui sont susceptibles de culture, sont même encombrées maintenant d'une espèce de ronces (*rubus pinnatus*), que l'on y a introduites, et il y a quelques années, comme curiosité. Les routes sont, en général, fort étroites. Elles tournent autour du sommet des collines, ou gravissent les flancs escarpés et les chaînes des montagnes à pic, et s'enfoncent dans les profondeurs des ravins. Il n'y avait que deux voitures dans l'île ; elles appartenaient au gouverneur, et étaient traînées par des bœufs.

Parmi les sites les plus agréables de l'île, on peut citer d'abord Plantation-House, ensuite Rosemary-Hall, Sandy-Bay, le Briars et l'habitation de miss Mason. Ces sites offrent de beaux jardins, des promenades abritées, de la verdure et des courans d'eau ; ce sont, comparativement, des demeures agréables. Plantation-House, et ses dépendances surtout, serait regardé, dans toutes les parties de l'Europe, comme un séjour enchanteur et romantique.

Les chaînes immenses de montagnes formant Diana's-Peak et Holley's Mount, qui séparent l'île et s'étendent au sud, abritent Plantation-House du vent sud-est, qui, dans les endroits découverts, est si funeste à la végétation.

On ne connaît ni le tonnerre, ni les éclairs à Sainte-Hélène; cela vient sans doute de ce que le fluide électrique est attiré par Diana's-Peak et les autres montagnes en cônes, et conduit dans la mer.

Longwood est une vaste plaine, située sur le sommet d'une montagne, du côté de l'île exposé au vent, haute environ de deux mille pieds au-dessus du niveau de la mer. Elle contient un grand nombre d'arbres à gomme (*conyza gummifera*), qui sont presque tous de la même taille et penchent du même côté, à cause des vents alisés qui soufflent continuellement du sud-est, ce qui lui donne un aspect triste et monotone. Les feuilles de l'arbre à gomme sont petites, étroites; et comme elles se trouvent principalement réunies aux extrémités des branches, elles n'ont point par conséquent un feuillage assez épais pour intercepter les rayons du soleil. Il n'y a d'autre eau que celle que l'on y apporte d'une distance d'environ trois milles; aucune ombre continue. Etant exposée à un vent sud-est constamment chargé d'humidité, sa situation élevée fait qu'elle est enveloppée de brouillards ou arrosée de pluie, pendant la plus grande partie de l'année. Le sol se compose d'une terre argileuse et gluante, qui, dans les temps humides, s'amasse et s'attache aux pieds du piéton, et y forme un tel poids qu'elle l'empêche tout-à-fait d'avancer. On jouit du beau temps, pendant un mois ou six semaines de l'année; le soleil y darde verticalement ses rayons avec force, pendant deux ou trois mois; et les sept ou huit autres sont toujours pluvieux et désagréables. Bien que Longwood soit généralement couverte de brouillards, le ciel s'y éclaircit parfois, et les rayons du soleil y

brillent d'une splendeur passagère. Bientôt
après, l'atmosphère s'obscurcit de nouveau ;
d'épais brouillards couvrent la plaine : et la
pluie, poussée avec impétuosité par l'éternel vent alisé sud-est, trempe celui qui
s'est laissé aller à faire un tour de promenade, séduit par l'aspect trompeur du soleil. Ces changemens de température ont
souvent lieu plusieurs fois dans le même
jour, et sont une des causes de l'insalubrité
de Sainte-Hélène. Par suite de la nature
grasse du sol, la pluie ne pénètre que très-
peu dans sa surface, et court se précipiter
dans les ravins du voisinage. La violence
du vent détruit la végétation, et jointe aux
ravages commis par les vers, et le manque
d'eau pendant deux ou trois mois, rend
presque nuls tous les efforts que l'on fait
pour cultiver le jardin. La plante qui réus-
sit le mieux à Longwood est la tytimale,
herbe très-nuisible.

Une preuve plus convaincante que Longwood est la partie de l'île la plus aride et

la plus désagréable, c'est qu'avant l'arrivée de Napoléon dans l'île, elle n'avait jamais été habitée plus de trois ou quatre mois de l'année, comme résidence de campagne, par le lieutenant-gouverneur, et quelquefois par les fermiers de la compagnie, qui s'y réunissaient dans une petite chaumière. Aucun des habitans de l'île *n'y a jamais fait un séjour permanent*, connaissant bien tous ses inconvéniens. Ce fait incontestable en dit autant que des volumes.

On peut attribuer la plus grande partie des maladies qui affectent le corps humain, aux changemens subits de la température, surtout lorsqu'ils sont accompagnés de pluie ou d'humidité. Les transitions rapides du chaud au froid engourdissent les vaisseaux situés aux extrémités de la surface du corps, repoussent en même temps une partie du sang sur quelques-uns des organes internes. Les changemens subits de l'atmosphère dans quelques climats, tels que celui d'Angleterre, produisent des affections pulmonaires ; sous les tropiques, où le système bilieux est si susceptible de dérangement, elles occasionent les maladies de foie. La grande sympathie qui existe entre la peau, le foie et les intestins, n'a jamais été plus fortement démontrée que par le nombre des affections violentes et funestes des deux derniers organes, que l'on a vu et que l'on voit journellement à Sainte-Hélène, où les variations de l'atmosphère sont si fréquentes et si rapides, et où il règne une si grande humidité.

L'intérieur de l'île est formé, comme nous l'avons dit, de chaînes continuelles de montagnes hautes, inégales et escarpées, dont les plus élevées sont à deux mille six cents pieds au-dessus du niveau de l'Océan ; elles sont séparées par des ravins profonds, longs et étroits, dont le fond n'est pas élevé à plus de quelques pieds au-dessus du niveau de la mer. Toute personne qui veut faire quelques milles à che-

val, doit s'attendre à changer de température à chaque demi-heure ; tantôt abrité
au fond des ravins, il éprouve la chaleur
des tropiques, dans une latitude de 15 degrés 55 minutes sud; un moment après, arrivant dans un endroit découvert, transpi-
rant par tous les pores, cette pesanteur
momèntanée est remplacée par une bise
soudaine, qui souffle des montagnes, et
dont l'effet, joint à l'humidité qui l'accom-
pagne, produit une évaporation rapide, et
l'abstraction de la chaleur animale de la
surface du corps, en repoussant ainsi le
sang à l'intérieur; l'on sort de la vallée dans
un état de transpiration, un vent semblable
et aigu, produisant les mêmes effets, vous
frappe, lorsque vous atteignez le sommet
des montagnes.

En diminuant un degré de température
pour chaque deux cents pieds d'élévation,
on trouvera une différence de dix degrés
entre la ville et Longwood, qui est environ à deux mille pieds au-dessus du niveau

de la mer; on peut encore y ajouter deux ou trois degrés de plus, à cause du vent aigu sud-est, chargé d'humidité, qui règne ordinairement dans les régions élevées, et produit une différence d'évaporation entre les montagnes et les vallées : ce qui, joint à l'accroissement de l'élévation, réduit la température de Longwood à douze ou treize degrés. Joignant à cela les changemens fréquens de température, en un moment on est assailli par une ondée de pluie, et enveloppé de brouillards, dont la force, augmentée par l'impétuosité que leur communique le vent, pénètre en quelques minutes les manteaux les plus épais; bientôt après, on voit le ciel s'embellir, le temps s'éclaircir, et les rayons du soleil briller avec toute l'ardeur des tropiques. Cet état dure quelques instans, et est bientôt suivi d'une répétition de brouillards, de pluie et d'humidité. Ces ondées et ce soleil ardent suffisent pour produire les affections inflammatoires les plus violentes dans les viscères, et particulièrement dans ceux de l'abdomen.

Il paraîtrait d'après cela, que Sainte-Hélène, outre les causes générales d'insalubrité qu'elle présente aux Européens, et qui sont inséparables des tropiques, a aussi pour être malsaine, des causes locales et particulières, dont je vais donner une idée. Le moindre froid, la moindre irrégularité, sont fréquemment suivis d'une violente attaque de dyssenterie, d'inflammation d'entrailles, ou de fièvres qui deviennent fatales en quelques jours, si l'on n'emploie sur-le-champ les moyens les plus actifs et les plus efficaces. Une plénitude d'humeur dans un enfant, qui, en Europe, n'exigerait qu'un peu d'eau chaude pour produire l'évacuation, y devient une maladie redoutable, et exige les remèdes les plus puissans; l'issue en est toujours fatale, si on la néglige seulement quelques heures. Le climat est surtout contraire aux Européens; il est peu favorable à la longévité de personne, même pour les indigènes; car, en examinant les registres de la paroisse, on verra que très-peu de personnes passent leur quarante-cinquième année *. Les maladies les plus communes sont les dyssenteries, les inflammations d'entrailles, les affections au foie et les fièvres; elles sont toutes ordinairement d'une nature très-violente. Les dyssenteries surtout et les affections au foie (qui sont même fréquemment combinées), s'y montrent avec les symptômes les plus concentrés et les plus fâcheux. Elles trompent l'effet des remèdes les plus actifs et les plus puissans; et malgré le talent reconnu et l'expérience de plusieurs praticiens ha-

* Les seules maladies endémiques, auxquelles les naturels de l'île soient sujets, sont de l'espèce catarrhale. Ces maladies, qui appartiennent à la classe inflammatoire, peuvent en quelque sorte expliquer, malgré la santé robuste dont ils jouissent, le peu d'exemples de longévité qu'on voit parmi les insulaires.

biles, elles se terminent d'une manière fatale, dans une proportion dont on a rarement vu d'exemples dans les colonies anglaises. Pendant les douze ou treize premiers mois de son arrivée à Sainte-Hélène, le second bataillon du 66e régiment perdit, par ces maladies, cinquante-six hommes sur six cent trente : ce qui fait un sur onze. Le *Conquérant*, arrivé en juillet 1817, en a perdu cent dix en dix-huit mois, sur un complément de six cents, outre cent sept qui ont été envoyés en Angleterre comme invalides, ce qui fait plus du tiers de son complément.

Dans les Indes occidentales, la proportion des morts, dans l'année 1814, était au plus d'un sur vingt-cinq : celle des morts aux maladies, d'un sur trente-six et deux tiers. Pourtant, combien cette mortalité semble peu de chose, lorsqu'on la compare à celle de Sainte-Hélène !

La mortalité qui a régné parmi les équipages des petits vaisseaux suivans, pendant qu'ils étaient stationnés à Sainte-Hélène, est très-grande. Vingt-quatre périrent sur le *Mosquito*, dont le complément était de cent hommes ; seize sur le *Racoon*, composé aussi de cent hommes ; le *Leveret* en perdit onze sur soixante-dix ; le *Griffon* quinze sur quatre-vingt-cinq, sans compter le grand nombre de malades qu'on envoya en Angleterre, par suite des mêmes maladies.

NAPOLÉON A SAINTE-HÉLÈNE.

Napoléon, ayant abdiqué pour la seconde fois un trône où l'avaient appelé les vœux de la France, prit la funeste résolution de se livrer aux Anglais, croyant qu'il recevrait parmi eux les égards dus à sa grande infortune. En conséquence, il se rendit à Rochefort, et le 14 juillet, s'étant assuré des dispositions favorables de l'amiral qui commandait la croisière anglaise, il le fit prévenir du dessein qu'il avait de lui demander l'hospitalité, sous le nom du général Dura; le 15 il se rendit à son bord, après avoir chargé le général Gourgaud de la lettre suivante, qu'il avait écrite de Rochefort au prince régent d'Angleterre.

« Altesse royale,

» En butte aux factions qui divisent » mon pays, et à l'inimitié des plus gran-

» des puissances de l'Europe, j'ai terminé
» ma carrière politique, et je viens, comme
» Thémistocle, m'asseoir au foyer du peu-
» ple britannique; je me mets sous la pro-
» tection de ses lois, que je réclame de
» V. A. R., comme du plus puissant, du
» plus constant et du plus généreux de mes
» ennemis. »

Rochefort, 13 juillet 1815.

Le général Gourgaud, n'ayant pu obtenir de mettre le pied sur le territoire anglais, fut contraint de céder cette missive
à un agent ministériel.

Napoléon passa sur le *Bellérophon*, où
il fut reçu avec tous les honneurs dus à son
rang. Au moment d'aborder ce vaisseau,
il dit au général Becker, qui l'accompa-
gnait : « Retirez-vous, général, je ne veux
» pas qu'on puisse croire qu'un Français
» soit venu me livrer à mes ennemis. » Puis
s'adressant au capitaine Maitland, qui commandait le *Bellérophon,* il ajouta : «Je viens

» à votre bord me mettre sous la protec-
» tion des lois d'Angleterre. »

Arrivé dans la rade de Plymouth, Napoléon apprit qu'il était prisonnier des Anglais, et que le rocher de Sainte-Hélène devait être son dernier asile !!! Outré de tant de déloyauté, l'empereur y répondit par cette protestation, qui sera pour l'Angleterre un monument de honte éternelle.

« En présence de Dieu et des hommes, je
» proteste solennellement ici contre la vio-
» lation exercée envers moi, contre la vio-
» lation de mes droits les plus sacrés. On a
» porté, par la force, atteinte à ma per-
» sonne et à ma liberté. Je suis venu vo-
» lontairement à bord du *Bellérophon*; je
» ne suis pas prisonnier de l'Angleterre,
» je suis son hôte.

» Je suis venu à l'invitation du capitaine
» lui-même; il m'a dit qu'il avait ordre
» du gouvernement de me recevoir et de
» me transporter, ainsi que ma suite, en

» Angleterre, en cas que cela me fût
» agréable. Comptant sur cette assurance,
» j'acceptai cet offre, afin de me mettre
» sous la protection de la Grande-Breta-
» gne. Du moment où je montai à bord
» du *Bellérophon*, j'avais droit à l'hospi-
» talité anglaise. Si le gouvernement, en
» donnant au capitaine du *Bellérophon* des
» ordres pour me recevoir, moi et ma
» suite, n'a voulu que me faire tomber
» dans un piége, il a forfait à l'honneur,
» dégradé son pavillon.

» Si cet acte a lieu, les Anglais auront
» parlé en vain à l'Europe de leurs lois et
» de leurs libertés. La confiance dans la
» bonne foi de l'Angleterre est anéantie
» par l'inhospitalité du *Bellérophon*.

» J'en appelle à l'histoire. Elle dira : Un
» ennemi qui, pendant vingt ans a fait la
» guerre au peuple anglais, vint, dans son
» infortune, chercher un asile sous la pro-
» tection de ses lois. Quelle plus forte
» preuve pouvait-il lui donner de son es-

»` time et de sa confiance ? Mais comment
» l'Angleterre a–t–elle payé une telle ma–
» gnanimité ? *On affecta de lui tendre une*
» *main hospitalière, et quand il se fut li-*
» *vré*, on le sacrifia ! »

Signé, Napoléon.

4 août 1815.

Cette pièce, adressée au ministère anglais, eut le sort de la lettre au prince-
régent. Napoléon ayant été transféré le 16
août du *Bellérophon* sur le *Northumber-*
land, on mit à la voile pour Sainte-Hélène.
Le 17, en voyant disparaître les côtes d'un
empire qui fut si long-temps soumis à ses
lois, il s'écria avec une profonde émotion :
« Adieu, terre des braves ! adieu, chère
» France ! quelques traîtres de moins, et
» tu serais encore la grande nation et la
» maîtresse du monde ! »

Ce fut le 17 octobre, après dix semaines
de navigation, que Napoléon descendit,
pour ne jamais la quitter, sur la terre

4*

meurtrière de Sainte-Hélène. Il alla d'a-bord s'établir au *Briars* avec sa suite *, en attendant qu'on eût fait à Longwood, lieu qu'il devait habiter, les agrandissemens nécessaires.

Le *Briars* est situé à un mille et demi de James-Town; cette habitation, qui appartient à M. Balcombe, comprend quelques acres de terrain très-bien cultivé; elle produit d'excellens fruits et des légumes; l'eau s'y trouve en abondance, et plusieurs allées d'arbres, dont la fraîcheur est délicieuse,

* La suite de Napoléon se composait des personnes dont les noms suivent, et qui avaient obtenu la permission de partager son exil: les comtes Bertrand, Montholon, Las Cases et son fils, alors âgé de 15 ans, le baron Gourgaud, la comtesse Bertrand et ses trois enfans, la comtesse Montholon et un enfant; Poniatowski; Marchand, premier valet-de-chambre de l'empereur; Cipriani, son maître d'hôtel; Saint-Denis Novarre (Noverraz), le page, les deux Archambaud, Santini, Rousseau, Gentilini, Joséphine; enfin Bernard et sa femme, domestiques du comte Bertrand.

concourent à l'embellir. Napoléon, quoique très-mal logé, se plaisait assez dans ce
lieu. Pendant tout le temps qu'il y passa,
il ne sortit qu'une seule fois pour aller à
pied jusqu'à la petite habitation de M. Hod-
son, major du régiment de Sainte-Hélène;
cependant il se promenait souvent pendant
des heures entières dans les allées couvertes
et les taillis du Briars, où l'on veillait à ce
qu'il ne fût pas importuné. Dans une de
ces promenades, il s'arrêta, et faisant re-
marquer au docteur O'Méara * les précipices affreux dont ils étaient environnés :
« Voyez, lui dit-il, la générosité de votre
» pays! voilà sa libéralité envers l'homme
» infortuné, qui, comptant aveuglément
» sur le caractère national qu'il lui sup-
» posait si faussement, s'est livré à lui avec
» confiance dans un moment fatal. »

* Médecin que le gouvernement britannique
avait donné à Napoléon, et dans le journal duquel nous avons puisé les détails que renferme ce
petit ouvrage.

On accorda à Napoléon un espace d'environ douze mille de circonférence, dans lequel il pouvait se promener à pied ou à cheval sans être accompagné d'un officier anglais. Le camp du 53e régiment était placé dans l'intérieur de cette enceinte à Deadwood, à peu près à un mille de la maison de Longwood; il y en avait un autre à Huts-Gate, en face de la demeure du comte Bertrand, à la porte duquel on avait établi un poste d'officier. On fit avec ce général un arrangement en vertu duquel les personnes munies d'un *laissez passer* avaient la permission d'entrer sur la dépendance de Longwood. Cette mesure ne pouvait avoir aucun inconvénient, puisque personne ne pouvait d'abord aller chez le comte Bertrand, sans la permission de l'amiral Cockburn * ou du gouverneur.

* Sir George Cockburn, commandant du *Northumberland*, vaisseau sur lequel Napoléon fut transporté à Sainte-Hélène, a été gouverneur de cette île jusqu'à l'arrivée de sir Hudson Lowe.

Un poste de sous-officiers fut placé à l'entrée de Longwood, à peu près à cent pas de la maison qu'alla habiter l'empereur. On établit en même temps un cordon de sentinelles et de piquets autour des limites. A neuf heures, les sentinelles étaient rapprochées et mises en communication entre elles; elles entouraient si bien la maison, que personne ne pouvait y entrer ou en sortir sans être vu et examiné. Deux factionnaires se tenaient à l'entrée, et des patrouilles se croisaient sans cesse. Après neuf heures, Napoléon n'était plus libre

D'après l'empereur, l'amiral Cockburn n'était pas un méchant homme; il était même susceptible d'élans généreux et délicats; mais il se montrait capricieux, insensible, vain, dominateur; fort habitué à l'autorité, et l'exerçant sans élégance, il mettait souvent la force à la place de la dignité. Comme geôlier, il a été doux, humain, généreux : toutes les personnes de la suite de Napoléon lui doivent de la reconnaissance; mais comme hôte, il a été généralement impoli et quelquefois pis encore.

de sortir, à moins qu'il ne fût accompagné d'un officier de l'état-major anglais. Cet état de choses durait jusqu'au lendemain matin. Tous les endroits de l'île qui paraissaient abordables étaient gardés par des piquets; on plaçait même des sentinelles sur chaque sentier qui conduisait à la mer.

Des différens postes d'observation de l'île, on aperçoit souvent les vaisseaux à vingt-quatre lieues de distance, et toujours long-temps avant qu'ils puissent approcher du rivage. Deux vaisseaux de guerre croisaient continuellement l'un au vent et l'autre sous le vent. Aussitôt qu'on apercevait une voile, on leur adressait des signaux, des postes placés sur le rivage. Tous les bâtimens, à moins que ce ne fût un vaisseau de guerre anglais, étaient accompagnés par un des croiseurs, qui ne les quittait que lorsqu'on leur avait permis de jeter l'ancre, ou de s'éloigner. Aucun navire étranger ne pouvait rester à l'ancre, si ce n'est dans le cas d'une grande

détresse, et alors personne ne pouvait débarquer : on envoyait à bord un officier
avec un détachement d'un des vaisseaux
de guerre, pour surveiller l'équipage pendant tout le temps que le vaisseau restait,
et pour empêcher toute communication.
Tous les bateaux pêcheurs de l'île étaient
comptés et ancrés chaque soir au coucher
du soleil, sous la surveillance spéciale d'un
lieutenant de la marine. Aucun bateau,
excepté ceux de garde des vaisseaux de
guerre, qui rôdaient autour de l'île pendant toute la nuit, ne pouvaient être mis
à flot une fois le soleil couché. L'officier
d'ordonnance avait également l'ordre de
s'assurer, deux fois dans les vingt-quatre
heures, de la présence de Napoléon, ce
qu'il faisait avec toute la délicatesse possible. En un mot, toutes les précautions
humaines, capables d'empêcher son évasion, excepté l'incarcération ou les fers,
furent prises par sir George Cockburn.

Les officiers du 53ᵉ régiment, ainsi que

plusieurs des habitans les plus notables de l'île, les officiers du corps de Sainte-Hélène, et leurs épouses, furent présentés à Napoléon. Quelques personnes étaient invitées, un jour dans la semaine, à dîner à sa table, et entr'autres M. Doveton et sa fille, le colonel Skelton, le capitaine Younghusband, et leurs épouses; M. Balcombe et sa famille, etc. Les officiers et autres passagers de distinction, venant de l'Inde et de la Chine, accouraient en foule à Longwood, pour demander à être présentés au grand homme; rarement ils étaient trompés dans leur attente, à moins qu'une indisposition de sa part, ou la courte durée de leur séjour dans l'île, ne s'y opposassent.

L'heure du lever de l'empereur Napoléon n'était pas réglée, et dépendait beaucoup du repos dont il avait joui pendant la nuit. En général il dormait mal, et souvent il se levait à trois ou quatre heures; dans ce cas, il lisait ou écrivait jusqu'à six

ou sept, et alors, quand le temps était beau,
il sortait quelquefois à cheval, suivi d'un de
ses généraux, ou se recouchait pendant une
couple d'heures pour reposer. Lorsqu'il était
au lit, il ne pouvait dormir à moins de l'obs-
curité la plus complète ; il fallait fermer
toutes les ouvertures à travers lesquelles
le moindre rayon de lumière eût pu péné-
trer, bien que je l'aie vu quelquefois céder au sommeil sur le sopha, et rester, au
grand jour, endormi pendant plusieurs minutes. Quand il était malade, Marchand
lui faisait quelquefois la lecture jusqu'à ce
qu'il pût dormir. Quelquefois il se levait à
sept heures, et écrivait ou dictait jusqu'à
l'heure du déjeuner ; ou, si la matinée était
belle, il sortait à cheval. Lorsqu'il déjeunait dans sa chambre, on le servait ordinairement sur une petite table ronde, entre
neuf et dix heures, quand il prenait ce repas avec les personnes de sa maison, c'é-
tait à onze heures ; mais toujours à la four-
chette. Après le déjeuner, il avait coutume

de dicter pendant plusieurs heures à quelqu'un de sa suite ; et à deux ou trois heures
il recevait les visites des personnes qui
avaient été autorisées , par des rendez-
vous, à se présenter. Entre quatre et cinq,
lorsque le temps le permettait , il montait
à cheval, ou en voiture, et se promenait
pendant une heure ou deux, accompagné
de toute sa suite. A son retour, il dictait
ou lisait jusqu'à huit , ou faisait quelquefois une partie d'échecs : alors on annon-
çait le dîner, qui durait rarement plus de
vingt minutes ou une demi-heure. Il mangeait avec appétit et très-vite, et ne semblait pas affectionner les mets fortement
épicés, ou recherchés. Un des plats qu'il
préférait, était un gigot de mouton rôti ;
il en prenait souvent toute la partie brune ;
il aimait beaucoup aussi les côtelettes de
mouton. A peine s'il buvait une pinte de
vin à son dîner ; encore le mouillait-il beaucoup. Après dîner, lorsque les domestiques
s'étaient retirés, et qu'il ne recevait point

de visites, il jouait quelquefois aux échecs ou au whist ; mais le plus ordinairement, il envoyait chercher un volume de Corneille, ou de quelqu'autre auteur estimé, et lisait tout haut pendant une heure, ou bien il s'entretenait avec les dames et les autres personnes de sa suite. Il se retirait habituellement à dix ou onze heures dans sa chambre à coucher, et se mettait au lit aussitôt. Lorsqu'il déjeunait ou dînait dans l'intérieur de son appartement, il envoyait quelquefois chercher une des personnes de sa suite, pour s'entretenir avec elle pendant le repas. Il ne mangeait que deux fois par jour, ne prenait qu'une très-petite tasse de café après chaque repas, et jamais dans aucun autre moment de la journée.

Neuf mois s'écoulèrent ainsi jusqu'à l'arrivée du sicaire de l'oligarchie anglaise.

Ce fut le 15 avril 1816, que sir Hudson Lowe aborda le rocher qu'il ne devait quitter qu'après avoir fait expirer à force d'outrages et de privations l'illustre prisonnier dont le gouvernement anglais venait de le constituer le geôlier. Le lendemain de son arrivée, il eut un entretien d'un quart-d'heure avec Napoléon. Le jour suivant, le nouveau gouverneur s'empressa de communiquer à Napoléon, par la voie du général Montholon, l'ordre qu'il avait reçu de son gouvernement, consistant à renvoyer de l'île toutes les personnes de la suite de l'empereur, qui ne consentiraient point à se soumettre aux restrictions qu'on lui avait imposées; mais pas une ne voulut quitter l'auguste captif : une déclaration fut signée sur-le-champ par les compagnons de son infortune et envoyée à Hudson Lowe.

Dès cet instant commencèrent les tracasseries, les vexations, les tortures qui devaient conduire Napoléon au tombeau. Brooke, secrétaire colonial, Gorrequer, aide-de-camp du nouveau gouverneur, et autres individus revêtus d'un caractère

officiel, allèrent chez les différens marchands de la ville, pour leur ordonner, au
nom d'Hudson Lowe, de ne faire aucun
crédit aux Français, sous peine de perdre
la somme créditée et d'être punis rigou-
reusement par ce misérable; et même il
fit dire aux officiers du 53ᵉ régiment, qui
avaient l'habitude de faire des visites à
madame la comtesse Bertrand, de s'en
abstenir à l'avenir; l'officier de garde à
Hut's-Gate eut l'ordre de tenir une liste de
tous ceux qui entreraient chez elle. Hudson
Lowe exigea ensuite que toutes les personnes qui allaient à Hut's-Gate ou à Longwood lui rapportassent les conversations
qu'elles avaient eues avec les Français.
Plusieurs officiers du 53ᵉ régiment allèrent prendre congé de madame la comtesse Bertrand, et déclarèrent qu'il était
impossible à des hommes d'honneur de se
conformer aux nouveaux réglemens. Des
sentinelles furent placées sur plusieurs directions pour empêcher l'approche des

visiteurs. Un sentiment de répugnance, ou plutôt de crainte d'approcher des Français, se manifesta bientôt parmi les habitans, et même parmi les officiers de terre et de mer.

Dans une seconde entrevue que Napoléon eut avec le gouverneur, il ne lui dissimula pas son mécontentement sur la conduite qu'il tenait à son égard. Instruit qu'Hudson Lowe se proposait de faire entrer un officier dans sa chambre pour voir s'il ne sortait point, Napoléon lui dit : « Si vous voulez vous débarrasser de moi, » ce serait une excellente occasion que » d'envoyer quelqu'un pour y entrer de » force, car je vous déclare que j'étendrais » roide mort le premier qui s'y présente- » rait; alors on se déferait de moi, et vous » pourriez écrire à votre gouvernement » que Bonaparte a été tué dans une que— » relle. »

En rapportant cet entretien au docteur O'Méara, l'empereur ajouta : « J'ai vu des

» Prussiens, des Tartares, des Cosaques,
» des Calmouks, etc. , mais jamais de ma
» vie je n'ai vu un homme aussi laid *, et
» d'une figure si repoussante : il a le crime
» empreint sur le visage... Il était assis sur
» une chaise en face de mon sopha, et il
» y avait une tasse de café sur la petite
» table qui nous séparait : sa physionomie
» fit sur moi une impression si défavorable,
» qu'il me sembla que ses regards avaient
» empoisonné le café, et que j'ordonnai
» à Marchand de le jeter par la fenêtre.
» Je ne l'aurais pas avalé pour tout au
» monde. »

Le 16 mai, Napoléon eut une nouvelle entrevue avec le gouverneur : « Ce *viso di*
» *boja a tormentarmi* est venu, dit-il, à

* Hudson Lowe est d'une taille ordinaire ; il est mince, maigre et sec ; son visage, marqueté de taches de rousseur, est rouge, de même que ses cheveux ; ses yeux obliques, fixant à la dérobée et rarement en face, sont recouverts de sourcils d'un blond ardent, épais et fort proéminens.

» O'Méara ; dites-lui que je ne veux plus le
» voir et que je désire qu'il ne vienne plus
» m'importuner de son exécrable présence.
» Ne le laissez jamais approcher de moi,
» à moins que ce ne soit pour m'expédier ;
» il trouvera alors mon sein prêt à recevoir
» le coup ; mais jusque-là qu'il me fasse
» grâce de son odieuse figure, je ne puis
» m'y accoutumer. » Ensuite parlant de sa
situation et des privations qui lui étaient
imposées : « On m'a conduit ici, disait-il,
» contre les lois des nations, et je ne re-
» connaîtrai jamais le droit qu'on s'arroge
» en me retenant prisonnier... Je n'ai pas
» l'intention de chercher à m'échapper,
» quoique je n'aie point donné ma parole
» d'honneur de ne pas l'essayer, et je ne la
» donnerai jamais ; car ce serait me recon-
» naître prisonnier, ce que je ne ferai jamais
» non plus. Ne peuvent-ils m'imposer de
» nouvelles restrictions, lorsqu'il arrive des
» bâtimens, et surtout ne laisser aucun bâ-
» timent mettre à la voile avant qu'on se-

» soit assuré de ma présence dans l'île, sans
» pour cela exercer des restrictions aussi
» vexatoires, en ce qu'elles sont inutiles?
» Il est nécessaire, pour ma santé, que je
» fasse à cheval sept ou huit lieues par
» jour; mais je ne veux pas les faire avec
» un officier ou une sentinelle derrière
» moi. Cela a toujours été mon principe,
» qu'un homme montre plus de courage
» réel dans la patience et la résistance au
» milieu des calamités et des infortunes
» qui lui arrivent, qu'en se détruisant.
» Ce dernier parti est celui d'un joueur
» qui a tout perdu, ou d'un prodigue rui-
» né, et ne prouve qu'un manque de cou-
» rage. Votre gouvernement se trompe,
» s'il s'imagine qu'en cherchant tous les
» moyens de m'accabler, comme de m'en-
» voyer ici, de me priver de toute com-
» munication avec mes parens les plus
» proches et les plus chers, au point que
» j'ignore s'il existe encore quelqu'un
» de mon sang ; qu'en m'isolant du monde

» et en m'imposant des restrictions inu-
» tiles et vexatoires, qui deviennent de
» jour en jour plus rigoureuses, en en-
» voyant la lie des hommes pour me servir
» de geôlier, il poussera ma patience à
» bout, et me portera à commettre un
» suicide, il se trompe. Si j'avais jamais eu
» cette pensée, l'idée seule du plaisir que
» cela lui procurerait, m'empêcherait de
» la mettre à exécution *. »

D'après la description que nous avons donnée de Longwood, le lecteur peut juger combien ce séjour malsain devait influer sur la santé de l'illustre captif; en effet, il ne tarda pas à ressentir les symptômes d'une maladie endémique à Sainte-Hélène. Plusieurs fois il témoigna le désir d'habiter une autre partie de l'île : « Je
» suis à Longwood, disait-il, sa seule vue
» me rend triste. Que ce gouverneur me
» mette dans quelqu'endroit où l'on trouve

* Voyez ses réflexions à ce sujet dans l'Appendice nº 1.

» de l'ombre, de la verdure et de l'eau. Ici
» il souffle un vent furieux, chargé de pluie
» et de brouillard , qui me déchire l'âme,
» ou bien le soleil me brûle la cervelle,
» faute d'ombre lorsque je sors. Qu'il me
» mette du côté de l'île où est situé Plan-
» tation-House, s'il veut réellement faire
» quelque chose pour moi. »

Hudson Lowe, assez lâche pour accepter la plus vile des missions, était en même
temps assez cruel pour la remplir. Loin
d'accorder quelques commodités à son prisonnier, il ne s'étudia qu'à inventer les
moyens les plus propres à abréger ses jours.
Bientôt on s'aperçut à Longwood d'une
grande diminution dans la viande, le vin
et autres objets de première nécessité ;
bientôt les limites des promenades de
Napoléon furent tellement circonscrites,
qu'il n'eut plus que quelques arpens de terrain à parcourir ; enfin les fonds alloués
par le gouvernement anglais pour l'établissement, éprouvèrent une réduction si

considérable, qu'ils ne purent suffire, même avec la plus grande économie, aux besoins de Napoléon et de sa suite ; la parcimonie fut poussée à un tel degré, qu'on finit par mesurer jusqu'à l'eau destinée à l'usage personnel de ce prince *.

Un jour, Hudson Lowe et l'amiral, accompagnés de sir Thomas Reade ** et du major Gorrequer ***, arrivèrent à Longwood, pendant que Napoléon se promenait dans le jardin, avec les comtes Montholon, Bertrand, Las Cases et son fils. Napoléon ne put s'empêcher de les recevoir. Le gouverneur voulut entrer dans quelques détails avec lui, au sujet de la réduction des dépenses de l'établissement ; il eut l'audace de dire que les choses étaient telles qu'il les avait trouvées, et qu'il ve-

---

* Voyez dans l'Appendice l'appel à la *nation anglaise,* que Santini publia en Angleterre après avoir été renvoyé de Sainte-Hélène.

** Député, adjoint-général du gouverneur.

*** Aide-de-camp d'Hudson Lowe.

nait pour se justifier ; que déjà il était venu deux ou trois fois pour le faire , mais que Napoléon était au bain : « Non, monsieur, » répondit l'empereur, je n'étais pas au » bain, mais j'en avais un de commande » pour ne pas vous voir. En cherchant à » vous justifier, vous ne faites qu'agraver » les choses. — Si vous me connaissiez » mieux, dit Hudson Lowe, vous chan- » geriez d'opinion à mon égard. — Vous » connaître, monsieur, répliqua Napoléon, » comment le pourrais-je ? Les gens se » font connaître par leurs actions en com- » mandant au milieu des batailles, et cela » ne vous est jamais arrivé ; vous n'avez ja- » mais commandé que des vagabonds et des » déserteurs corses , des brigands piémon- » tais et des Napolitains. Je sais le nom de » tous les généraux anglais qui se sont dis- » tingués, mais je n'ai jamais entendu par- » ler de vous que comme d'un *scrivano de* » *Blucher,* ou comme d'un *chef de bri-* » *gands.* Vous n'avez jamais commandé à

» des gens d'honneur, ni été accoutumé à
» vivre avec eux. — Je n'ai pas recherché
» mon emploi. — Ces sortes de places ne
» se demandent pas; elles sont données par
» les gouvernemens aux gens qui se sont
» déshonorés. — Je ne fais que mon devoir,
» et vous ne devez pas me blâmer, puis-
» que je n'agis que d'après mes ordres. —
» Le bourreau en fait autant, il exécute
» les ordres qu'il reçoit; mais lorsqu'il me
» met une corde au cou pour me faire
» mourir, est-ce pour moi un motif d'ai-
» mer le bourreau, que de savoir qu'il agit
» d'après ses ordres? D'ailleurs, je ne crois
» pas qu'aucun gouvernement soit assez
» vil, pour donner des ordres pareils à
» ceux que vous faites exécuter. Au reste,
» si vous le voulez, vous n'avez besoin de
» rien m'envoyer pour ma nourriture;
» j'irai dîner à la table des braves officiers
» du 53e régiment, et il n'y en aura pas
» un qui ne se trouve heureux de donner
» une place à un vieux soldat; dans tout

» ce régiment, il n'est pas un soldat qui
» n'ait plus de cœur que vous..... Dans le
» bill inique du parlement, on a déclaré
» que je serais traité en prisonnier; mais
» vous me traitez plus mal qu'un criminel
» condamné, ou un galérien, puisqu'il
» leur est permis de recevoir les journaux
» et les livres imprimés, et que vous m'en
» privez. Vous avez pouvoir sur mon corps,
» mais aucun sur mon âme; cette âme est
» aussi fière et aussi déterminée, dans le
» moment où je vous parle, que lorsqu'elle
» commandait à l'Europe.... Vous n'êtes
» autre chose qu'un *sbirro siciliano*, et je
» vous prie de ne plus vous présenter de-
» vant moi, que lorsque vous m'appor-
» terez l'ordre de ma mort; alors vous
» trouverez toutes les portes ouvertes
» pour vous recevoir. »

Hudson Lowe se retira brusquement et
sans saluer Napoléon; l'amiral, qui paraissait troublé et pensif, ôta son chapeau, fit
une inclination et partit.

Dès cet instant, les vexations redou-
blèrent; des fossés de huit ou dix pieds de
profondeur furent creusés autour du jardin de Napoléon; de tous les journaux qui
arrivaient à Sainte-Hélène, on ne lui remit plus que quelques numéros détachés
du *Times*, qui était dévoué aux Bourbons,
et on avait soin de choisir de préférence
ceux qui disaient du mal de lui; toutes les
relations entre les Français et les habitans
de l'île devinrent suspectes; aucune lettre
ne put sortir de Longwood sans être déca-
chetée *. En même temps les réductions
de table furent poussées à un tel point,
que l'empereur se vit obligé de reboucher
le peu de vin qui restait dans les bouteilles
pour le faire mettre sur la table le lendemain. Montholon, dans un entretien qu'il
eut avec le major Gorrequer, au sujet des
privations imposées à Napoléon, déclara
que puisque le gouvernement britannique

* Voyez la proclamation d'Hudson Lowe. Appendice n° 1.

ne voulait pas permettre à l'empereur de faire usage de ce qu'il possédait en Europe, il ne lui restait d'autres moyens pour vivre, que de se défaire de ce qu'il avait présentement en sa possession ; qu'en conséquence une partie de son argenterie serait portée à la ville pour être vendue, afin de se procurer, la somme nécessaire chaque mois pour ajouter à celle allouée par Hudson Lowe *. En effet, une grande partie de la vaisselle plate de Napoléon fut brisée (on ne voulut pas en permettre la vente autrement) et envoyée à la ville pour être vendue ; mais le geôlier de ce prince exigea que le montant en fût versé entre les mains de M. Balcombe, pourvoyeur de l'établissement, de même que celui qui proviendrait de la vente d'un phaéton que

---

* Napoléon n'avait pas un sou à son arrivée à Sainte-Hélène, attendu qu'on l'avait dépouillé, sur le *Bellérophon*, par ordre du gouvernement anglais, de quatre mille pièces d'or qui lui restaient.

6*

Napoléon avait donné dans le temps à madame la comtesse Bertrand.

Peu de jours après, nouvelles restrictions, portant, entre autres mesures, que l'empereur ne pourra sortir de la grande route ; qu'il ne pourra aller dans le chemin conduisant chez miss Masson, qu'il ne pourra entrer dans aucune maison, ni parler à aucune personne qu'il rencontrerait, dans ses promenades à cheval ou à pied, etc. Ces restrictions s'appliquaient également aux personnes de la suite de Napoléon.

« *Che rabbia di persecuzioni!* s'écria
» l'empereur, en apprenant ces mesures
» vexatoires. *Veramente* il faut une grande
» résolution et une grande force d'âme,
» pour supporter une existence comme la
» mienne dans cet affreux séjour. Tous
» les jours de nouveaux coups de stylet au
» cœur de la part de ce bourreau ; cela
» paraît être son plaisir... On croit en An-
» gleterre subvenir à tous mes besoins, et

» en effet, on m'envoie beaucoup de cho-
» ses; mais cet homme arrive qui réduit
» tout, m'oblige à vendre ma vaisselle pour
» acheter les choses nécessaires à la vie,
» qu'il me refuse, ou qu'il me donne en
» si petite quantité, qu'elles sont insuffi-
» santes. Il m'impose chaque jour des res-
» trictions nouvelles et arbitraires; il
» m'insulte, moi et les personnes attachées
» à ma maison; il va même jusqu'à vouloir
» m'ôter la liberté de parler, et encore il
» a l'impudence d'écrire qu'il n'a rien
» changé!»

Une consolation pour Napoléon, était
la fidélité et le dévouement héroïque que
lui manifestaient chaque jour les personnes
de sa suite. Hudson Lowe avait envoyé à
Longwoood, une déclaration que les Français devaient signer, ou se résoudre à quitter immédiatement Sainte-Hélène. Par
cette déclaration, ils se soumettaient à partager toutes les nouvelles vexations et humiliations qu'il pourrait infliger à l'em-

pereur. Aucun d'entre eux ne s'y refusa, si ce n'est Santini, qui ne voulut point apposer sa signature à une pièce où son maître n'était point qualifié du titre d'empereur; les autres n'avaient pas voulu y souscrire par le même motif, mais la crainte d'être renvoyés fit qu'ils se rendirent dans la nuit chez le bourreau de Napoléon à l'insçu de ce prince, pour signer la déclaration qui leur était imposée. Néanmoins quatre de ses domestiques lui furent brutalement arrachés. Napoléon avait voulu qu'on ne séparât point les deux frères Archambaud; mais ce fut une raison pour que le gouverneur en agît autrement : ainsi Santini, Archambaud jeune, Rousseau et Poniatowski furent embarqués au Cap de Bonne-Espérance. Le lendemain, 20 octobre, le comte et la comtesse Bertrand furent transférés d'Hut's-Gate à Longwood.

La maladie dont Napoléon avait éprouvé les symptômes ne tarda pas à se déclarer;

en vain le docteur O'Méara sollicita auprès d'Hudson Lowe son transfert à Plantation-House, ou dans toute autre partie de l'île plus saine que Longwood. Non-seulement il s'y refusa, mais encore il dit à cet honorable médecin, que *la vie d'un homme ne pouvait entrer en balance avec le mal qu'il pourrait causer s'il parvenait à s'échapper, et qu'il devait se souvenir que le général Bonaparte* * *avait déjà été le fléau du monde, et causé la mort de plusieurs milliers d'individus.* Ces paroles étaient-elles autre chose qu'un arrêt de mort contre Napoléon ? Là, était toute la mission d'Hudson Lowe.

Deux ou trois jours après il fit fermer le sentier qui conduisait aux jardins de la compagnie, où l'empereur avait coutume de se promener quelquefois, parce que c'était le seul endroit à l'abri du vent, qu'il appelait *vento acro.* « Je pense, dit Napo-» léon, en apprenant cela, que ce *sbirro*

* Qualification qu'il a toujours donnée et exigé qu'on donnât à l'empereur Napoléon.

» *a qualche cattivo oggetto inviste;* mais je
» m'en inquiète peu, car, lorsque l'heure
» d'un homme est venue il faut qu'il parte. »

Le 17 novembre, les provisions allouées
pour Longwood furent encore diminuées,
par ordre d'Hudson Lowe, de deux livres
de viande et d'une bouteille de vin par jour;
le 22, nouvelle réduction, et bientôt les
domestiques se virent obligés d'avancer de
l'argent pour la subsistance de Napoléon.

Dans ces entrefaites, le comte de Las
Cases et son fils furent arrêtés sous les yeux
même de l'empereur et envoyés en prison.
Cette violence fut provoquée par une lettre
écrite sur de la soie, et que le comte avait
remise à son domestique qui, renvoyé par
Hudson Lowe, devait la porter en Angleterre.

Après une assez longue détention, le
comte et le jeune Las Cases durent partir
pour le cap de Bonne-Espérance; le barbare Hudson ne voulut jamais leur permettre de prendre congé de l'empereur.

Toutefois, leur départ n'affligea point ce prince ; peu de jours auparavant, il avait exprimé à O'Méara le désir que Las Cases s'en allât, tant pour rétablir sa santé gravement altérée, que pour lui épargner les humiliations et les dégoûts dont toute sa suite était abreuvée. Il avait ajouté : « Le » premier qu'on éloignera ensuite, sous » quelque prétexte, c'est Montholon, parce » qu'ils voient combien son amitié m'est » utile et consolante, et qu'il cherche tou- » jours à prévenir mes besoins. Je suis » moins malheureux qu'eux. Je ne vois » personne, et eux, ils sont assujétis à des » insultes et à des vexations journalières. » Ils ne peuvent ni parler, ni écrire, ni » sortir sans se soumettre à des restric- » tions avilissantes. Je suis fâché qu'ils ne » soient pas tous partis il y a deux mois. » *J'ai assez de force pour résister seul contre* » *cette tyrannie.* Ce serait prolonger leur » agonie que de les garder ici plus long- » temps. Après qu'on les aura éloignés,

» vous le serez aussi, docteur, et *alors le*
» *crime sera consommé*..... »

Privé de voir le comte de Las Cases, Napoléon lui adressa la lettre suivante, monument précieux qu'a recueilli l'histoire,
et qui atteste les misères du grand homme
et l'amitié qu'il portait à ce généreux com-
pagnon de son infortune.

« Mon cher comte Las Cases, mon cœur
sent vivement ce que vous éprouvez; arraché, il y a quatorze ou quinze jours,
d'auprès de moi, vous êtes enfermé au secret, sans que j'aie pu recevoir ni vous
donner aucune nouvelle, sans que vous
ayez communiqué avec qui que soit, Français ou Anglais, privé même d'un domestique de votre choix.

« Votre conduite à Sainte-Hélène a été,
comme votre vie, honorable et sans reproche; j'aime à vous le dire.

» Votre lettre à votre ami de Londres
n'avait rien de répréhensible; vous y épan-
chiez votre cœur dans le sein de l'amitié.

Cette lettre est comme les huit ou dix autres que vous avez écrites à la même personne, et que vous avez envoyées ouvertes. Le commandant de cette île, ayant l'indélicatesse de scruter les expressions que vous confiez à l'amitié, vous les a reprochées. Dernièrement, il vous a menacé de vous renvoyer de l'île, si vos lettres contenaient encore quelques plaintes. En agissant ainsi, il a violé le premier devoir de sa place, le premier article de ses restrictions, et le premier sentiment de l'honneur. Il vous a ainsi autorisé à chercher les moyens de répandre par effusion vos sentimens dans le sein de vos amis, et de leur faire connaître la conduite coupable du commandant ; mais vous êtes sans artifices ; il a été facile de surprendre votre confiance !

On cherchait un prétexte de saisir vos papiers. Une lettre à votre ami de Londres ne pouvait autoriser une visite de la police chez nous ; car elle ne contient aucun complot, aucun mystère : elle n'est que l'expression des sentimens d'un cœur noble et franc. La conduite illégale et précipitée que l'on a tenue à cette occasion, porte le caractère d'une haine basse et personnelle.

» Dans les contrées les moins civilisées, les exilés, les prisonniers, et même les criminels, sont sous la protection des lois et des magistrats. Les personnes nommées pour les garder, ont des chefs, soit dans l'administration, soit dans l'ordre judiciaire, pour les surveiller. Mais, sur ce roc, le même homme qui fait les réglemens les plus absurdes, les exécute avec violence, il transgresse toutes les lois, et il n'est personne pour restreindre les excès de son caprice.

»On enveloppe Longwood d'un voile que l'on voudrait rendre impénétrable, pour cacher une conduite criminelle. Ce soin fait suspecter les intentions les plus odieuses.

» Par des bruits artificieusement semés, on a essayé de tromper les officiers, les étrangers, les habitans de cette île, et même les agens étrangers qui, à ce que l'on dit, sont entretenus ici par l'Autriche et la Russie. Certainement, le gouvernement anglais est trompé de la même manière par des rapports artificieux et mensongers.

» Vos papiers, parmi lesquels on savait qu'il y en avait qui m'appartenaient, ont été saisis sans aucune formalité, près de mon appartement, *avec des exaltations d'une joie féroce.* J'en fus instruit quelques momens après; je regardai par la fenêtre, et je vis qu'on vous enlevait. Un nombreux état-major caraeolait autour de vous; je crus voir les sauvages des îles de la mer du Sud, dansant autour des prisonniers qu'ils vont dévorer.

» Votre société m'était nécessaire: seul, vous liez, vous parlez et entendez l'anglais. Combien vous avez passé de nuits pendant mes maladies! Cependant, je vous engage, et au besoin, je vous or-

donne de requérir le commandant de cette
île de vous renvoyer sur le continent ;
il ne peut point s'y refuser, puisqu'il n'a
action sur vous que par l'acte volontaire
que vous avez signé. Ce sera pour moi une
grande consolation, que de vous savoir en
chemin pour de plus fortunés pays.

» Arrivé en Europe, soit que vous al-
liez en Angleterre, ou que vous retourniez
dans la patrie, perdez le souvenir des maux
qu'on vous a fait souffrir. Vantez-vous de
la fidélité que vous m'avez montrée, et
de toute l'affection que je vous porte.

» Si vous voyez un jour ma femme et
mon fils, embrassez-les ; depuis deux ans,
je n'en ai aucune nouvelle, ni directe, ni
indirecte ; il y a, dans ce pays, depuis six
mois, un botaniste allemand, qui les a vus
dans le jardin de Schœnbrunn, quelques
mois avant son départ. Les barbares ont
empêché qu'il vînt me donner de leurs
nouvelles.

» Toutefois consolez-vous, et consolez

mes amis ; mon corps se trouve, il est vrai, au pouvoir de la haine de mes ennemis ; ils n'obtiennent rien de ce qui peut assouvri leur vengeance ; ils me tuent à coups d'épingle : mais la providence est trop juste, pour permettre que cela se prolonge long-temps encore ! L'insalubrité de ce climat, le manque de tout ce qui entretient la vie, mettront, je le sens, un terme prompt à cette existence, dont les derniers momens seront l'opprobre du caractère anglais. L'Europe signalera un jour, avec horreur, cet homme hypocrite et méchant, que les vrais Anglais désavoueront pour Breton.

» Comme tout porte à penser qu'on ne vous permettra pas de venir me voir avant votre départ, recevez mes embrassemens, l'assurance de mon estime et de mon amitié. Soyez heureux.

» Votre affectionné,

Signé, NAPOLÉON. »

Longwood, 11 décembre 1816.

7*

Ce fut le 29 décembre que le comte de Las Cases et son fils quittèrent cet horrible séjour.

Par un raffinement de cruauté, Hudson Lowe, dont l'esprit travaillait sans cesse aux moyens les plus propres à abréger l'existence de son prisonnier, feignit de vouloir se relâcher des rigueurs qu'il lui imposait, ainsi qu'aux personnes de sa maison. En conséquence, il engagea le comte Bertrand à lui envoyer une note contenant les observations de Napoléon au sujet des restrictions qui lui étaient imposées; cette note lui fut transmise en même temps que l'offre de la médiation de l'amiral Pultney-Malcolm, pour opérer un rapprochement entre l'empereur et lui. A la suite de ce message, il fit dire aux hôtes de Longwood qu'ils avaient désormais la liberté d'aller dans certains endroits qu'il désignait au même instant. Ce monstre ordonnait aux sentinelles d'arrêter toutes les *personnes susceptes;* or, comme nul ne pouvait être plus suspect à une sentinelle anglaise qu'un Français, elles arrêtaient tous ceux qui se présentaient dans les directions qu'il avait lui-même indiquées, et lorsque le respectable O'Méara lui transmit les récriminations de Napoléon sur une conduite si perfide, il répondit : « Je » ne puis permettre aux officiers du *général Bonaparte* de courir le pays pour » débiter des mensonges sur mon compte, » comme ont fait Las Cases et Montholon, » en montrant des lettres à diverses per- » sonnes ; le général Bonaparte s'en trou- » verait beaucoup mieux s'il n'était pas » entouré de *menteurs* comme Montholon, » et d'un *son of a bitch* (fils de chienne), » comme Bertrand, qui est toujours à se » plaindre. »

Quant à la proposition qui lui fut faite d'accepter pour médiateur l'amiral Pult-nay-Malcolm, il ne mit pas plus de bonne foi que dans l'affaire dont nous venons de parler ; il consentit d'abord, et viola immédiatement sa parole.

Un jour O'Méara se plaignant qu'il y avait si peu d'eau à Longwood, qu'il était quelquefois impossible de s'en procurer assez pour les bains de l'empereur : « Ah! » je ne savais pas, répondit Hudson Lowe, » que le général Bonaparte eût besoin de » se faire *bouillir dans l'eau chaude* pen- » dant tant d'heures. » Une autre fois, dis- cutant avec la plus grande parcimonie, il eut l'impudence de reprocher au comte Montholon qu'on salissait trop de linge à Longwood, et qu'il ne fallait pas à l'avenir en changer aussi souvent.

Lorsque O'Méara lui faisait quelques représentations de la part de Napoléon au sujet de son ignoble conduite, il essayait de se disculper en parlant des ordres qu'il prétendait avoir reçus de son gouverne- ment.

« Je donnerais, dit l'empereur à ce mé- decin, qui lui rendait compte de tous ses entretiens avec le gouverneur, deux mil- lions pour que ces restrictions fussent signées par le ministère anglais, afin de faire voir à l'Europe de quels actes bas, tyranniques et déshonorans il est capable, et de quelle manière il remplit les promesses qu'il a faites de me bien traiter. Suivant la loi, ce gouverneur n'a le droit de m'imposer aucune restriction. Le bill, tout illégal et inique qu'il est, dit que je serai assujéti aux restrictions que les ministres jugeront convenables et nécessaires; mais il ne dit pas qu'ils auront le pouvoir de déléguer cette autorité à aucune autre personne. Ainsi, toute restriction dont je suis l'objet devrait non-seulement être signée par un ministre, mais à proprement parler, par tous les ministres.

» Il est possible, continua Napoléon, qu'une partie des mauvais traitemens qu'il me fait essuyer, proviennent de son ineptie et de sa crainte, car c'est un homme tout-à-fait *immoral. Un poco di scaltrezza e molto imbecillità* *. C'est une offense en-

* Un peu d'astuce et beaucoup d'ineptie.

vers sa nation, un affront et une insulte
envers l'empereur d'Autriche, envers l'empereur de Russie, et tous ces souverains
que j'ai vaincus, et avec lesquels j'ai fait
des traités.

» J'avais fait un grand éloge de votre
nation, et montré la haute idée que j'avais
de la loyauté anglaise, en me livrant à elle,
après tant d'années de guerre, de préférence à mon beau-père et à mon ancien
ami. Les Anglais eussent été mes plus
grands amis, si je fusse resté en France.
Réunis, nous eussions conquis le monde.
La confiance que j'ai placée dans les Anglais, montre l'idée que je m'étais formée
d'eux, et ce que j'aurais fait pour gagner
l'amitié d'une telle nation ; j'y aurais réussi.
Il n'est rien que je n'eusse sacrifié pour
l'obtenir. C'était le seul peuple pour qui
j'eusse de l'estime. Quant aux Russes, aux
Autrichiens et autres, ajouta-t-il avec un
ton de mépris, je ne les estimais pas. Je
suis maintenant fâché de voir que j'ai été

trompé. Car si je me fusse livré à l'empereur d'Autriche, quelle que pût être la différence de ses intérêts politiques avec les miens, et lors même qu'il eût jugé nécessaire de me détrôner, il m'eût accueilli en ami, et traité avec cordialité. C'est aussi ce qu'aurait fait mon ancien ami, l'empereur de Russie. Le traitement que les Calabrois ont fait éprouver à Murat est plein d'humanité, comparé à celui qu'on me fait subir; car les Calabrois ont eu bientôt mis fin à la misère de Murat, tandis qu'ici *on me tue à coups d'épingles.*

» Je pense que votre nation saura bien peu de gré à ce gouverneur de l'avoir ainsi déshonorée par une conduite qui sera consignée dans l'histoire. Car vous êtes fiers, et vous avez l'honneur national plus à cœur même que l'argent. Témoin les millions que vos *milords* répandent annuellement en France et dans d'autres parties du continent, pour soutenir et élever le nom anglais. Plusieurs de nos nobles et

autres eussent volontiers donné des mil—
lions, pour éviter la tache d'infamie que
cet *imbécile* a imprimée sur votre nation. »

Le lendemain O'Méara eut avec Hudson
Lowe une longue conversation au sujet de
Napoléon. Le gouverneur dit que s'il ré—
tablissait les anciennes limites, il ne fau—
drait pas que l'empereur prît l'habitude
d'entrer dans les maisons situées dans leur
enceinte, et en même temps qu'il mécon—
nût les restrictions qui lui en interdiraient
l'entrée. O'Méara l'informa des sentimens
qui avaient été exprimés la veille par Na—
poléon. Hudson-Lowe dit qu'il y avait une
grande différence entre des limites pour
faire de l'exercice, et des limites pour en—
tretenir une correspondance et des com—
munications suspectes. Que s'il étendait
les limites actuelles, on devait s'assujétir
à n'entrer dans aucune des maisons dési—
gnées, à moins d'être accompagné d'un
officier anglais. O'Méara lui fit observer
qu'il n'y avait que quatre maisons dans

l'intérieur des limites de Woody Range. Hudson dit que peut-être on pourrait s'arranger en donnant au *général Bonaparte* une liste des maisons dans lesquelles on pourrait lui permettre d'entrer. O'Méara répondit que Napoléon avait dit que s'il eût eu l'intention d'intriguer avec les commissaires ou avec d'autres, cela lui eût été facile en leur donnant rendez-vous dans l'intérieur des limites de la maison d'alarme, ce qu'il avait toujours la faculté de faire; mais que l'empereur ne ferait jamais rien qui ressemblât à une intrigue. Hudson répliqua : « Le *général Bonaparte* n'a jamais cessé et ne cessera jamais d'intriguer. Au reste, dites-lui que j'attends de jour en jour un bâtiment qui doit apporter de nouveaux ordres et la permission d'étendre les limites. Pour moi, je ne refuserai pas de permettre au *général Bonaparte* d'entrer dans certaines maisons qu'il désignera, ni même d'en envoyer une liste au comte Bertrand. »

O'Méara communiqua à Napoléon les idées d'Hudson Lowe. « S'il m'accordait toute l'île à condition de donner ma parole de ne pas chercher à m'échapper, répondit-il, je ne l'accepterais pas, quoique je n'aie pas l'intention de jamais l'essayer, parce que ce serait en quelque sorte me reconnaître prisonnier. Je suis ici par la force, et non par le droit. Si l'on m'eût pris à Waterloo, peut-être n'aurais-je pas hésité à l'accepter ; quoique même, dans ce cas, ce serait contraire aux lois des nations, puisqu'il n'y a plus de guerre. Si l'on m'offrait la permission de demeurer en Angleterre sous de telles conditions, je le refuserais. Je ne sais pas ce qu'il entend par correspondance. Que craint-il? Peut-être les commissaires. L'amiral n'a jamais craint qu'on rendît sa conduite publique. J'espère, continua Napoléon, que vous lui avez répété ce que j'ai dit, qu'il n'avait le droit d'imposer aucune restriction qui ne serait pas signée par les ministres. » O'Méara répondit affirmativement, et ajouta que le gouverneur prétendait pouvoir imposer toutes les restrictions qu'il jugerait nécessaires. « D'après le bill, répliqua Napoléon, il n'en a pas le droit. Par la loi du plus fort, il peut faire ce que bon lui semble, de même que le parlement anglais a rendu un bill pour légaliser une chose illégale, et autoriser une prescription contraire aux lois des nations, à la bonne foi, et à son propre honneur. Mais même, d'après ce bill, il n'est pas permis de déléguer l'autorité. »

Après quelques autres observations, Napoléon ajouta : « Répétez au gouverneur que s'il envoie une liste au comte Bertrand, ou s'il lui fait savoir qu'il y a dans l'enceinte des limites plusieurs maisons dont il se défie, ou qu'il désire que je ne visite point, je consens à n'y pas entrer, non plus que dans celle des commissaires. S'il règle les choses de cette manière, on s'entendra ; mais s'il envoyait une liste de toutes les maisons de l'île, excepté une, et s'il spécifiait que je pourrais entrer dans toutes, à l'exception de cette seule maison, je n'accepterais pas. Tandis qu'au contraire, s'il faisait une liste de toutes les maisons de l'île, à l'exception d'une seule, et qu'il ne voulût pas que j'allasse dans aucune de celles portées sur cette liste, et ne fît aucune observation sur cette seule maison, j'accepterais cette seconde condition de préférence à la première, quoique je ne pourrais entrer que dans une seule maison, tandis que par l'autre je pourrais entrer dans toutes, à l'exception d'une seule. En souscrivant à la première de ces conditions, j'aurais l'air de rendre mes visites avec sa permission, tandis que par l'autre je paraîtrais agir volontairement, parce que rien n'étant spécifié, j'aurais le droit d'entrer ou de ne pas entrer. Cela aurait l'air d'une volonté libre. Dites-lui cela, quoique je sois sûr que ce n'est qu'un misérable artifice de sa part.

» Je pense, poursuivit-il, que je dois à » l'influence de mon étoile d'avoir été si

» maltraité par les Anglais, ou du moins
» d'être tombé sous la tyrannie de cet
» homme, qui s'est conduit d'une manière
» aussi infâme. Mais LA POSTÉRITÉ ME VEN-
» GERA. »

O'Méara s'acquitta de cette commission ;
mais ainsi que l'avait fort bien prévu Napoléon, Hudson Lowe en agit dans cette
affaire, comme dans celle de l'amiral. Il
prétendit que les conditions offertes par
l'empereur cachaient quelque mauvais dessein, et qu'il n'accorderait pas son consentement. O'Méara lui fit observer que
son refus allait donner matière à une nouvelle accusation d'artifice. « Bah ! répondit
Hudson, le général Bonaparte doit s'esti-
mer trop heureux, d'avoir affaire à un
homme aussi bon, aussi humain que moi ! »

O'Méara retourna à Longwood, et fit
part à Napoléon de ce qui venait de se passer. « Je vous l'avais bien dit, s'écria l'empereur. Je vous défends, poursuivit-il, de
me transmettre à l'avenir aucune propo-

sition ou communication de sir Hudson Lowe, sans lui en avoir préalablement demandé le résultat, dans le cas où j'y consentirais. C'est un menteur, un homme plein d'insinuations, comme les petits tyrans d'Italie, qui n'a rien d'Anglais, et qui a la rage de tourmenter et de tracasser les gens. »

Depuis quelques jours la viande envoyée par le gouverneur était très-mauvaise; on lui demanda de permettre à Cipriani d'aller dans la vallée, sous la garde d'un soldat, pour acheter un mouton et des légumes au fermier; Hudson Lowe s'y refusa. Quelque temps auparavant, le général Gourgaud ayant éprouvé des coliques affreuses à la suite du dîner, les attribua au vin qu'on fournissait à l'empereur; il en décomposa quelques bouteilles, et reconnut qu'il contenait de la litarge. On s'en était plaint, mais inutilement, au gouverneur.

Le botaniste allemand dont Napoléon avait parlé dans sa lettre au comte de Las

Cases, et qui avait réellement eu un entretien avec Marie-Louise et son fils, peu
de temps avant son départ d'Allemagne
pour Sainte-Hélène, était sur le point de
quitter cette île sans avoir vu l'empereur;
informé de cela, il s'écria avec l'accent de
l'indignation : « Quelle horreur ! dans les
contrées les plus barbares, on ne refuserait
pas même à un prisonnier condamné à
mort la consolation de s'entretenir avec
une personne qui aurait vu depuis peu sa
femme et son enfant. Même devant la plus
exécrable des cours, devant le tribunal ré-
volutionnaire de France, on n'a jamais vu
un tel exemple de barbarie et d'oubli de
tous les sentimens d'humanité, et votre
nation, qui est si renommée pour sa générosité, permet une pareille conduite. J'ai
appris que ce botaniste a demandé à me
voir, et qu'on lui en a refusé la permission.
Dans ma lettre à Las Cases, que le gouverneur a lue, je me plaignais de cela
comme d'une cruauté; c'était bien de-

mander à le voir. Si je m'y fusse pris d'une autre manière, je me serais exposé à l'affront de recevoir un refus de ce *bourreau. C'est le comble de la cruauté.* Il faut être bien barbare pour refuser à un époux, à un père, la consolation de s'entretenir avec une personne qui a vu depuis peu sa femme, son enfant, leur a parlé, a senti leur toucher..... (ici la voix de Napoléon trembla), lorsqu'il est à jamais privé de leurs embrassemens par la cruelle politique de quelques-uns. Les antropophages de la mer du Sud n'en feraient pas autant. Avant de dévorer leurs victimes, ils leur laissent la consolation de se voir et de s'entretenir ensemble. Les cruautés que l'on exerce ici seraient désavouées par des cannibales. »

Napoléon se promena alors de long en large pendant quelque temps. Ensuite il continua : « Vous voyez la manière dont il cherche à en imposer aux passagers qui vont en Angleterre, afin de leur faire croire qu'il est plèin de bonté pour moi, et que c'est entièrement ma faute si je ne reçois pas d'étrangers. Il envoie son aide-de-camp pour me les condüire, et il donne cela comme une preuve de son intérêt; mais il sait bien que cela seul suffirait pour m'empêcher de recevoir les personnes qu'il accompagnerait. Son but maintenant est de faire croire au public que j'abhorre la vue d'un Anglais. Voilà pourquoi il vous a prié de me dire que Las Cases prétendait que je ne pouvais voir sans horreur l'uni-forme anglais. »

O'Méara lui fit observer qu'Hudson Lowe avait dit qu'il pensait que c'était une invention de Las Cases. « C'est de sa propre invention, répliqua l'empereur; il a voulu vous en imposer. Si j'avais détesté les Anglais, me serais-je livré à eux, au lieu de me rendre à l'empereur de Russie, ou d'Autriche? Pouvais-je donner une plus grande preuve de mon estime pour une nation, que celle que j'ai donnée aux Anglais...... malheureusement pour moi?»

Napoléon ouvrit alors la porte, appela Saint-Denis, et lui demanda, en présence d'O'Méara, si dans le journal de Las Cases on affirmait qu'il eût jamais dit avoir en horreur la vue de l'uniforme anglais, ou des Anglais, ou enfin quelque chose de ce genre? Saint-Denis répondit qu'il n'y avait rien de la sorte dans le journal. «Hé bien, dit Napoléon, si Las Cases l'avait dit, c'eût été dans son journal. Il faut être bien méchant pour chercher à me tourmenter dans la position où je suis. Il n'a rien ici, continua-t-il, en plaçant la main sur son cœur, et quand on n'a rien là, la tête ne doit rien valoir. C'est un homme hors d'état de commander, ou d'agir par lui-même. Vous pouvez voir combien il est peu propre à occuper un poste supérieur, lorsqu'il se laisse mener par un *imbécile* aussi méprisable que ce colonel Reade *. Avez-vous

---

* Ce digne acolyte d'Hudson Lowe était alors très-occupé à faire courir, dans la ville, le bruit

jamais lu *Gilblas?* » Je répondis que oui.
« Ce sourire éternel sur les lèvres de Reade,
reprit Napoléon, n'est pas naturel, et me
rappelle Ambroise de Lamela. Comme Lamela qui allait à l'église pendant qu'il for-
mait le projet de voler son maître, il cache
là-dessous ses véritables intentions. On m'a
appris, continua-t-il, que les Balcombes
avaient été interrogés et scrutés en tous
sens par le gouverneur et son conseil privé
Reade, sur ce qu'ils avaient vu et entendu
dire à Longwood, et que le père avait répondu que ses filles étaient venues ici pour
avoir l'honneur de nous voir, et non pour
servir d'espion. »

A la diminut'on des alimens succéda
celle du chauffage *; vint ensuite celle du

que Napoléon avait l'humeur chagrine, et qu'il
ne voulait voir personne, ajoutant que *le gouverneur était trop bon envers un scélérat qui méritait
d'être enchaîné.*

* On le réduisit à tel point, que Napoléon fut
obligé de faire briser une couchette pour chauffer
sa chambre.

foin et de la litière destinés aux chevaux.

De toutes les tracasseries, de tous les obstacles injurieux qu'Hudson Lowe élevait autour de Napoléon, rien n'affligea plus ce prince que les difficultés qu'on fit de lui remettre le buste de son fils, qui lui avait été adressé par Marie-Louise. Le gouverneur, après avoir délibéré avec Reade, si ce buste serait jeté à la mer ou brisé, le retint pendant quatorze jours à Plantation-House, et ce ne fut qu'au cri d'indignation poussé par les habitans de l'île, qu'il se décida à l'envoyer à l'illustre captif. La vue de cette image fit une telle impression sur le cœur de ce malheureux père, qu'il ne put rien manger jusqu'à huit heures du soir. « Voyez cette figure, disait-il à O'Méara, en lui montrant le buste qu'il avait placé sur sa cheminée; regardez cela ! L'homme qui voudrait briser une telle image, ne serait-il pas un barbare, un monstre? Pour moi, je regarde celui qui serait capable d'exécuter une telle action, ou de l'ordonner, comme plus pervers que celui qui empoisonne son semblable ; car ce dernier est toujours excité par quelques motifs d'intérêt, tandis que le premier n'agit que poussé par la plus noire atrocité, et est capable de commettre tous les crimes. Cette physionomie toucherait le cœur de la bête sauvage la plus féroce. L'homme qui a donné des ordres pour briser cette image, plongerait un couteau dans le cœur de celui qu'elle représente, s'il était en son pouvoir. » Il contempla le buste pendant quelques minutes avec une grande satisfaction et la joie la plus vive ; son visage était rayonnant et exprimait avec force la tendresse paternelle, et l'orgueil qu'il éprouvait d'être le père d'un si aimable enfant. Quiconque eût été témoin de cette scène, n'aurait pu nier que Napoléon ne fût un père animé de l'affection la plus tendre.

Depuis quelque temps, O'Méara inspirait de la défiance à l'ombrageux géolier. Le refus de lui faire d'autres rapports que ceux qui concernaient une profession qu'il ne voulait point déshonorer, devint pour lui une source de tracasseries. Une des premières fut celle-ci. Pendant que des courses de chevaux avaient lieu à Dead-wood, Hudson Lowe crut en reconnaître quelques-uns comme appartenant à Napoléon, il fit appeler le docteur O'Méara, qui avoua en avoir emprunté deux du général Gourgaud, l'un pour miss Eliza Balcombe, et l'autre pour le chirurgien du *Conquérant*. Le gouverneur éclata aussitôt en reproches violens contre le médecin. « C'est, lui dit-il, une présomption sans exemple que d'avoir osé prêter les chevaux du général Bonaparte sans ma permission. — Il fallait, répondit O'Méara, que je vinsse à Sainte-Hélène pour apprendre que c'est un crime d'emprunter un cheval pour l'usage d'une demoiselle; je ne me serais jamais douté qu'il fût nécessaire d'aller à Plantation-House pour vous deman-der cette autorisation. » Hudson Lowe répliqua que cette observation était tout-à-fait dans le style de Longwood, et le quitta en murmurant des imprécations contre Napoléon.

Cependant la santé de ce prince s'altérait visiblement ; contre sa nature, il se sentait souvent incommodé ; il passait quelquefois une semaine dans sa chambre sans sortir du tout, et retrécissait chaque jour le cercle déjà si resserré de son mouvement et de ses distractions ; il abandonnait même son travail, ses dictées ; le dégoût l'avait saisi.

Le 20 septembre 1817, O'Méara le trouva dans son bain, triste et abattu ; ses gencives étaient spongieuses et saignantes au toucher ; ses chevilles et ses jambes étaient un peu enflées. Il n'avait pas dormi de la nuit. « Dans peu, docteur, lui dit Napoléon, vous ne me verrez plus..... Je sens que la machine s'en va journellement. Mais c'est pour cela, ajouta-t-il, qu'on m'a envoyé ici. Les souverains recevront leur récompense dans les siècles futurs. Sur le rocher le plus affreux du monde, ils envoient un homme pour lui imposer des restrictions dont on n'a jamais eu l'idée dans les tribunaux révolutionnaires sous Marat. Même alors on permettait aux condamnés d'avoir jusqu'au dernier moment, des journaux et des livres ; ils n'expiraient pas dans *une agonie qu'on prolongeait assez pour qu'elle ressemblât à une mort naturelle.* Ce raffinement de cruauté était inconnu à Billaud Varennes * et Collot d'Herbois **. »

Le 25, mêmes indispositions. O'Méara lui conseilla l'exercice. « Vous avez raison, docteur, répondit l'empereur, cela m'a été nécessaire depuis que j'existe, et c'est encore et ce sera tant que la machine

---

. * Commissaire de la commune de Paris en 1791, député à la Convention, déporté à Synamari, où il a vécu vingt ans. C'est le plus exécrable des hommes qui aient figuré dans la révolution.

** Autre brigand de la trempe de Billaud-Varennes ; il avait été comédien.

tiendra... Je prendrais de l'exercice, si je n'étais pas entre les mains d'un bourreau. Mais avec le système qu'on a adopté envers moi, c'est impossible. Jamais je ne me mettrai dans le cas d'être insulté par des sentinelles, ou de recevoir une *fusillade* si je m'écartais de la *grande route*. » *

Ne remarquant point de mieux dans sa situation, O'Méara lui renouvela quelques jours après le conseil de sortir, bien convaincu d'avance que Napoléon n'en ferait rien. Comme il insistait à ce sujet, « Eh quoi! dit l'empereur, voudriez-vous que je m'exposasse à être arrêté, insulté par une sentinelle, comme l'a été madame Bertrand, il y a peu de temps, et lorsqu'il faisait encore jour? Si j'eusse été à sa place, la même chose me serait arrivée, parce que la sentinelle avait ordre d'arrêter tout le monde. Cela aurait fourni à ce gouverneur un beau sujet pour écrire

* La grande route est un chemin où une voiture ne peut passer.

à Londres, et afficher dans les boutiques de graveurs une caricature représentant *Napoléon Bonaparte*, arrêté à la porte par une sentinelle qui croiserait la baïonnette sur lui. C'eût été fort amusant pour ce Bathurst, et cela aurait fait rire les habitans de Londres. Jusqu'à ce que les choses soient remises sur le pied où elles étaient du temps de Cockburn, qui avait reçu l'approbation de son gouvernement, ou qu'on ait adopté des mesures équivalentes, je ne sortirai pas. Le bill est positif; on n'aurait pas dû faire le moindre changement, sans l'ordre du prince régent et de son conseil privé, signé par le prince ou par lord Liverpool, et non par lord Bathurst. Je considère toutes les restrictions qui n'ont pas été faites par eux, comme nulles. Avec la force, on peut certainement tout faire; et pour éviter d'être insulté, je me suis tenu renfermé; et jusqu'à ce que je sache, d'une manière certaine, les restrictions qui existent, et par qui elles ont été faites, je ne sortirai pas , ni ne m'exposerai au caprice de mon ennemi. En me défendant de parler aux personnes que je pourrais rencontrer, il m'a fait le plus grand affront que l'on puisse faire à un homme.

» Vous pouvez lui répéter ce que je viens de vous dire, et que je crois que les intentions de Castelreagh et de Bathurst étaient et sont encore de mettre fin à mon existence, en me tenant renfermé pour me rendre malade. Je ne pense pas que ce soient celles du prince régent, de lord Liverpool, ni de lord Sidmouth; car les restrictions qu'il impose sur le moral d'un homme comme moi, ont le même effet en m'emprisonnant, que les chaînes et les fers dont on charge les jambes des galériens. On impose aux voleurs et aux galériens des restrictions physiques; on en impose de morales *aux gens éclairés.* Il n'y a pas de petit lieutenant dans ce régiment, qui voulût sortir, s'il était assujéti aux restrictions qui me sont imposées. J'ai dit à

(104)

l'ambassadeur * : Mylord, voudriez-vous sortir, sous la condition de borner votre conversation avec les personnes que vous pourriez rencontrer, à ces mots : comment vous portez-vous, à moins que ce ne soit en présence d'un officier? Voudriez-vous sortir sans pouvoir vous écarter ni à droite ni à gauche de la route? Voudriez-vous sortir sous l'obligation de rentrer à six heures du soir, ou autrement courir le risque d'être arrêté par les sentinelles qui sont aux portes? Il me répondit aussitôt: *Non, je ferais comme vous, je resterais dans ma chambre.* Il y a différentes manières d'assassiner un homme; le pistolet, l'épée, le poison, ou l'assassinat moral, comme Bathurst et Castelreagh agissent envers moi. C'est au définitif la même chose, excepté que ce dernier moyen

* C'est de lord Amherst qu'il s'agit. De retour de son ambassade en Chine, il s'était arrêté à l'île Sainte-Hélène, où il faisait de fréquentes visites à Napoléon.

est le plus cruel. Quand l'amiral Cockburn, qui est un homme *d'un caractère dur*, était ici, vous vous rappelez combien était dif férent le genre de vie que je menais. Je sortais à cheval quatre ou cinq fois par semaine, je voyais de la société, et j'invitais même des officiers anglais, des dames, et autres personnes à dîner. J'avais confiance dans l'amiral. Je me fiais à sa parole, et jamais je ne l'ai soupçonné de quelque dessein sinistre, *parce qu'il avait la marche droite et sincère, rien de tortueux ni de tracassier*. Quoique je ne fusse pas d'accord avec lui, et que je pensasse que c'était *un homme dur*, j'avais pourtant confiance en son caractère et en son intégrité. Si j'avais l'intention de commettre un suicide, comme ce geolier l'insinue, je l'aurais fait au commencement, lorsque cette contrainte me paraissait d'autant plus oppressive que je n'y étais pas accoutumé. D'ailleurs, si j'avais ce projet, un pistolet ferait mon affaire. *Je n'aime pas la longue guerre.* Quel inconvenient est-il résulté de mes promenades à cheval pendant le temps que Cockburn était ici? Les intentions de Castelreagh sont de m'imposer des restrictions de nature à ce que, pour ne pas dégrader mon caractère, et me rendre un objet de mépris aux yeux du monde, je sois obligé de m'emprisonner moi-même. De cette manière, on est sûr d'occasioner par la suite en moi une maladie, qui dans un corps affaibli par l'emprisonnement et la décomposition du sang, ne peut manquer d'être mortelle, et que j'expirerai dans une agonie prolongée, qui pourra avoir l'apparence d'une mort naturelle. Tel est le but qu'on s'est proposé; ce genre d'assassinat est aussi sûr, mais plus cruel et plus criminel que l'épée ou le pistolet.

» Je puis dire, ajouta-t-il, que le seul d'entre nous, qui ait coutume de sortir, c'est Gourgaud; et il a été arrêté plus de cinquante fois. Si j'eusse été à sa place, la même chose me serait arrivée. Une fois, du temps de l'amiral, je fus arrêté ; mais il mit aussitôt l'île sens dessus dessous à cause de cela, et je vis clairement qu'il en était réellement fâché ; il prit toutes les précautions nécessaires pour empêcher qu'une pareille chose se renouvelât. Mais cette brute, au contraire, en serait charmée, ainsi que de toute autre chose qui tendrait à abaisser ou à dégrader mon caractère.

» Je suis bien convaincu, ajouta Napoléon, que la manière barbare dont on me traite sera vengée par le sang d'Anglais innocens. D'après le raisonnement et les doctrines de vos ministres, qu'il est *utile* de me retenir ici, on peut justifier les actes, quelqu'atroces qu'ils soient. Ne m'aurait-il pas été *utile* de faire assassiner Nelson ou Wellington ? Ne serait-il pas *utile* maintenant à la nation française de se débarrasser de toutes les troupes alliées, en empoisonnant le pain et l'eau ? ne lui serait-il pas *utile* d'assassiner Wellington ? Ce n'est pas l'*utilité* que l'on doit considérer dans une action , c'est sa justice : car, d'après le premier principe, on peut justifier en apparence toute espèce de crime, sous le prétexte qu'il est utile , et par *conséquent* nécessaire. C'est la doctrine de Talleyrand. »

Peu de temps après cet entretien, Hudson Lowe se rendit à Longwood; après avoir fait à O'Méara quelques questions sur la santé de Napoléon, il lui demanda s'il avait eu quelque conversation particulière avec ce prince au sujet de sa maladie. En réponse, le docteur lui rapporta ce que l'empereur lui avait dit , évitant toutefois de répéter l'épithète de *bourreau*, dont il s'était servi. Hudson fit venir le major Gorrequer pour être témoin d'une partie de cette conversation. Il déclara devant lui que, quant à ce qui concernait lord Amherst, il n'y croyait pas, non plus qu'aux intentions que Napoléon attribuait à certaines personnes. Le gouverneur demanda à O'Méara s'il avait fait quelque observation à Napoléon; le docteur répondit que non : « Il vous eût pourtant été facile de lui en faire, dit le géôlier, mais il paraît que vous avez la même manière de penser que le général Bonaparte attribue à lord Amherst. »

Après une harangue assez longue, dans laquelle il accusa Napoléon d'avoir rempli de calomnies la tête de l'ambassadeur, et d'avoir à dessein différé de le voir jusqu'à la veille de son départ, pour qu'il ne pût à son tour les réfuter, il finit par dire : « Ne pensez-vous pas, monsieur, que le général Bonaparte m'a traité de la manière la plus honteuse dans cette affaire?» O'Méara répondit que Napoléon avait été trop indisposé, pour être en état de recevoir des étrangers; que jusqu'au dernier moment, il avait été indécis pour savoir s'il recevrait ou non sa seigneurie; que lord Amherst était resté plusieurs jours chez lui (sir Hudson), et que, pendant ce temps, il devait avoir eu de fréquentes

occasions d'instruire de tout sa seigneurie; que lord Amherst l'avait vu, et s'était
entretenu quelques heures avec lui après
son entrevue avec Napoléon, qui n'avait
duré qu'environ deux heures. Cette réponse excita la colère du géôlier qui dit
au docteur, en le regardant avec une expression peu équivoque : « Si ce n'était
pour éviter qu'on en fît un sujet de plainte,
je vous renverrais de l'île sur-le-champ,
et sans attendre les ordres du gouvernement, monsieur. Je n'ai rien reçu d'officiel de la part du gouvernement, relativement à votre emploi; vous n'êtes pas de
mon choix; on vous permet seulement de
voir le général Bonaparte, en qualité de
médecin. » O'Méara déclara qu'il agissait
suivant ses propres instructions, en se renfermant dans ce qui concernait sa profession. Hudson réitéra sa menace de le renvoyer de l'île, et le médecin se borna à lui
répondre que son renvoi de Sainte-Hélène
ne lui causerait pas le moindre chagrin.

La maladie de Napoléon prenait un caractère de plus en plus alarmant ; l'estimable O'Méara insistait auprès de l'implacable gouverneur pour qu'il se relâchât de quelques restrictions, afin que le *patient* pût prendre de l'exercice sans courir le risque d'être insulté ; mais ce fut vainement : le *sbire sicilien* répondait à ces sollicitations, qu'inspirait un sentiment d'humanité, par des injures dégoûtantes ; il prétendait que Napoléon avait assez de liberté, qu'il en avait même trop, et que s'il n'en profitait pas c'était par *paresse* ; que s'il espérait, en se tenant ainsi renfermé, obtenir quelqu'adoucissement à sa position, il se trompait.

Sachant combien sa présence était odieuse à l'empereur, ce monstre affectait de passer devant les fenêtres de la chambre de sa victime afin d'ajouter à son supplice. La répugnance de l'empereur était telle à cet égard qu'il disait un jour à son chirurgien : « Je n'aperçois jamais ce gou-

.verneur sans m'imaginer voir *l'homme qui chauffe la barre de fer,* pour Édouard II*, au château de Berkley. La nature m'a prévenu, et m'a donné un avis amical le premier jour où je l'ai vu. *Comme Caïn, la nature l'a bien cacheté.* Si j'étais à Londres et qu'on me présentât sir Hudson Lowe vêtu en bourgeois et qu'on me dît : qui croyez-vous que soit cet homme? Je répondrais : *c'est le bourreau de la municipalité.* »

Nous avons déjà dit que le refus d'O'Méara de rapporter à Hudson Lowe ses conversations avec Napoléon, avait attiré à ce bon chirurgien toutes sortes de désagrémens. Profitant du caractère dont il était revêtu pour opprimer un officier d'un rang inférieur, parce que ce dernier ne voulait point être son espion, le gou-

---

* Roi d'Angleterre, qui, dans le 14e siècle, fut jeté dans une prison par l'instigation de sa femme et de son frère, où il mourut par le plus cruel supplice.

verneur finit par le traiter de la manière la plus outrageante; il poussa l'indécence jusqu'à le menacer de le frapper!

Après avoir échoué dans une demande qu'il avait faite à Londres pour obtenir le renvoi d'O'Méara, Hudson Lowe eut recours à un expédient dont le succès était infaillible. Il lui fit écrire par son factotum Réade, qu'il ne devait pas dépasser l'enceinte de Longwood, ce qui était, pour le docteur, plus arbitraire et plus vexatoire que les restrictions imposées aux Français; ne pouvant ni ne devant obéir à un tel ordre, O'Méara écrivit au gouverneur pour lui donner sa démission et au comte Bertrand pour lui expliquer la démarche qu'il avait été obligé de faire. Bientôt Napoléon l'envoya chercher pour lui donner une audience avant son départ, que ce prince regardait comme très-prochain. Dans la position où le docteur se trouvait placé par Hudson Lowe, l'empereur ne voulut recevoir de lui aucun avis

10[+]

médical. « Eh bien, docteur lui dit-il, vous allez donc nous quitter? Le monde concevra-t-il qu'on a eu la lâcheté d'attenter à mon médecin? puisque vous êtes un simple lieutenant, soumis à tout l'arbitraire et à la discipline militaire, vous n'avez plus l'indépendance nécessaire pour que vos secours puissent m'être utiles. Je vous remercie de vos soins. Quittez le plutôt possible ce séjour de ténèbres et de crimes; je mourrai sur ce grabat rongé de maladies et sans secours, mais *votre nation sera déshonorée à jamais*. Adieu. »

Le gouverneur ne s'en tint pas là à l'égard d'O'Méara; il le fit mettre aux arrêts, qu'il garda pendant vingt-sept jours. Mais voyant qu'il ne pouvait réussir à placer un chirurgien auprès de Napoléon et averti par les commissaires des puissances que si l'empereur venait à mourir pendant qu'O'Méara était aux arrêts ou entre les mains de quelque chirurgien qu'on l'aurait forcé à recevoir, il s'élèverait en Europe d'étranges soupçons sur sa mort, Hudson Lowe se décida à remettre O'Méara en liberté, et il reprit immédiatement son service auprès de Napoléon, dont la maladie avait empiré depuis son absence.

La conduite d'Hudson Lowe envers l'empereur avait excité une grande indignation dans l'île. Au lieu de la calmer, ce sicaire fit placarder une proclamation par laquelle il interdisait à tous officiers et autres personnes quelconques d'avoir aucune correspondance ou communication avec les étrangers détenus, sous les peines les plus sévères *.

Peu de jours après, O'Méara reçut la lettre suivante :

Plantation-House, 25 juillet 1818.

« Monsieur, le lieutenant-général sir
» Hudson Lowe me charge de vous infor-
» mer que, d'après une instruction reçue du

* C'est celle du 28 juin, qui se trouve dans l'Appendice.

» comte Bathurst, en date du 16 mai 1818,
» il lui est enjoint de vous faire cesser vos
» services auprès du général Bonaparte,
» et de *vous interdire toutes entrevues ulté-*
» *rieures avec les habitans de Longwood.*

» Le contre-amiral Plampin a reçu des
» instructions des lords commissaires de
» l'amirauté, relativement à votre desti-
» nation, quand vous quitterez cette île.

» Vous voudrez bien, en conséquence,
» quitter Longwood immédiatement après
» la réception de cette lettre, sans avoir
» aucune espèce de communication ulté-
» rieure avec les personnes qui l'habitent.»

» J'ai l'honneur, etc.

ÉDOUARD WYNYARD,

Lieut.-Col., secrétaire militaire.

BARRY O'MÉARA, esq., à Longwood.

« L'humanité, dit O'Méara, les devoirs
de ma profession, et l'état actuel de la
santé de Napoléon me défendaient d'obéir
à cet ordre inhumain, d'autant plus que

ma place était d'une nature civile, comme celle des autres officiers de la marine employés dans l'accise ou dans les douanes. Ma résolution fut prise aussitôt. Je me déterminai à y désobéir, quelles qu'en pussent être les conséquences. La santé de Napoléon exigeait que je lui prescrivisse un régime, et que je lui préparasse les médicamens qu'il lui serait nécessaire de prendre en l'absence d'un chirurgien : ce qui serait sans doute long, attendu que j'étais parfaitement sûr qu'il n'en recevrait aucun qui serait recommandé par sir Hudson Lowe. Je me rendis donc sur-le-champ à l'appartement de Napoléon. Quand je fus introduit, je lui communiquai l'ordre que j'avais reçu. « Le crime se consommera plus vite, dit Napoléon ; j'ai vécu trop long-temps pour eux. Votre ministère est bien hardi, ajouta-t-il ; quand le pape était en France, je me serais plutôt coupé le bras que de signer un ordre pour faire éloigner son chirurgien. »

Après que la conversation eut duré encore quelque temps, et que j'eus donné à Napoléon les instructions médicales qu'il me fut possible de lui donner ainsi tout à coup, il me dit : « Quand vous serez arrivé en Europe, vous irez vous-même trouver mon frère Joseph, ou vous enverrez vers lui. Vous lui direz que je désire qu'il vous donne le paquet contenant les lettres particulières et confidentielles * qui m'ont

* « A mon retour en Europe, j'employai tous mes soins à obtenir les lettres importantes dont il s'agit. Mais malheureusement pour la postérité, mes efforts n'ont pas été couronnés de succès. Avant que le comte de Survilliers eût quitté Rochefort pour se rendre en Amérique, dans la crainte d'être arrêté par les puissances alliées, il crut prudent de déposer son dépôt précieux entre les mains d'une personne sur l'intégrité de laquelle il croyait pouvoir compter, mais dont, à ce qu'il paraît, il fut lâchement trahi, puisqu'il y a quelques mois, une personne apporta les lettres originales à Londres pour les vendre, et en demanda trente mille livres sterling. On en donna aussitôt avis à quelques-uns des ministres de sa majesté

été écrites par les empereurs Alexandre et François, le roi de Prusse, et les autres souverains de l'Europe, que je lui ai confiées à Rochefort. Vous les publierez, pour couvrir de honte ces souverains, et découvrir au monde l'hommage vil que ces vassaux me rendaient, lorsqu'ils sollicitaient des faveurs, ou me suppliaient pour leurs trônes. Lorsque j'étais fort, et que j'avais le pouvoir en main, ils briguèrent ma protection et l'honneur de mon alliance, et ils léchèrent la poussière de mes pieds. Maintenant que je suis vieux, ils m'oppri-

et aux ambassadeurs étrangers ; et j'ai appris, d'une source qui mérite confiance, que l'ambassadeur russe avait payé dix mille livres sterlings pour racheter celles de son maître. Entre autres passages curieux qui m'ont été rapportés par ceux qui ont eu l'avantage de les lire, en voici un qui est relatif au Hanôvre. Sa majesté le roi de Prusse disait *qu'il avait toujours un intérêt paternel pour ce pays;* et il paraissait que les souverains, en général, *adressaient à Napoléon d'instantes supplications pour obtenir des agrandissemens de territoire.* »

ment lâchement et me séparent de ma femme et de mon enfant. Je vous prie de faire ce que je vous recommande ; et si vous voyez publier contre moi des calomnies sur ce qui s'est passé pendant le temps que vous avez été avec moi, et que vous puissiez dire, j'ai vu de mes propres yeux que cela n'est pas vrai, contredisez-les. »

» Bientôt après, il dicta au comte Bertrand une lettre *, il la signa, ajouta un *post-scriptum* de sa main **, et m'assura que ce peu de mots diraient plus pour moi à l'impératrice, que s'il eût écrit des pages *in-quarto ;* il me présenta ensuite une su-

* En voici un extrait : « Je prie mes parens et amis de croire tout ce que le docteur O'Méara leur dira relativement à la position où je me trouve et aux sentimens que je conserve. »

** Ce post-scriptum était conçu en ces termes :

  « *S'il voit ma bonne Louise,*
  » *je la prie de permettre*
  » *qu'il lui baise les mains.* »

NAPOLÉON.

Le 25 juillet 1818.

perbe tabatière et une statue qui le repré-
tait. Il me pria, à mon arrivée en Europe, de m'informer de sa famille, et de
dire à ceux qui en faisaient partie, qu'il
ne désirait pas qu'aucun d'eux vînt à Sainte-
Hélène, pour être témoin des malheurs et
des humiliations qu'il éprouvait. « Vous leur
exprimerez les sentimens que je conserve
pour eux, ajouta-t-il ; soyez l'interprète
de mon affection auprès de ma bonne
Louise, de mon excellente mère, et de
Pauline. Si vous voyez mon fils, embras-
sez-le pour moi ; qu'il n'oublie jamais qu'il
est né prince français ! Témoignez à lady
Holland le sentiment que j'entretiens de
sa bonté, et l'estime que je lui porte. Enfin, tâchez de m'envoyer des renseignemens authentiques sur la manière dont
mon fils est élevé. » L'empereur me donna
ensuite une poignée de main, et m'embrassa
en disant : « Adieu, O'Méara ; nous ne
nous reverrons plus. Soyez heureux ! »

Depuis le départ forcé d'O'Méara, jusqu'au mois de janvier 1819, tout traitement fut interrompu, parce que Napoléon ne voulut point recevoir de chirurgien choisi par son geôlier, et qu'on ne lui permit pas d'en choisir un lui-même.

Cependant ce prince avait eu quatre symptômes, qui présageaient une attaque d'apoplexie. Le 17 janvier, il en parut un cinquième, d'une nature si alarmante, qu'on crut pour un moment qu'il était mort. Lorsque Napoléon fut un peu revenu à lui, le comte Bertrand lui proposa d'envoyer chercher le docteur Verling; il ne voulut pas y consentir; cette seule proposition altéra sa physionomie et accrut ses souffrances. Le général Bertrand fit appeler alors le docteur Stokoe *, qui avait été recommandé à l'empereur par l'excellent O'Méara. Il était alors une heure du matin, mais il n'arriva qu'à quatre heures, parce que l'officier d'ordonnance n'était

* Ce médecin était employé à Sainte-Hélène par la commission des Indes.

pas autorisé à l'envoyer chercher, sans préalablement en avoir obtenu la permission du gouverneur. Le comte Bertrand, vu le dangereux état dans lequel se trouvait Napoléon, proposa à M. Stokoe de rester attaché à la personne de ce prince, et lui soumit les articles suivans, qu'il envoya en même temps à Hudson Lowe.

Conditions auxquelles M. Stokoe pourra remplacer M. O'Méara et avoir le caractère de médecin de Napoléon.

1° Le docteur Stokoe est considéré comme chirurgien de Napoléon, et lui tiendra lieu du chirurgien français dont il est fait mention au décret du gouvernement britannique, du 15 août 1815.

2° Il ne pourra pas être rappelé d'auprès de sa personne, sans le consentement de Napoléon, surtout pendant le temps que durera la maladie.

3° Il ne sera soumis, pendant le temps qu'il remplira les fonctions de médecin de

Napoléon, à aucune discipline ou devoir militaire, et sera considéré comme un employé civil anglais.

4° Il ne devra rendre compte à qui que ce soit de la santé de Napoléon. Il rédigera tous les huit jours, et plus souvent si cela est nécessaire, un bulletin de la santé de Napoléon, dont il fera deux exemplaires, l'un pour être remis à un des officiers de Longwood, et l'autre au gouverneur, lorsqu'il le désirera.

5° Personne ne pourra lui demander compte de sa conduite comme médecin; il ne lui sera imposé aucune restriction pour ses communications avec Napoléon et les Français, soit par écrit, soit verbalement, de jour comme de nuit.

6° Il ne sera tenu de rendre compte de ce qu'il verra et entendra à Longwood, qu'autant qu'il jugera que cela compromettrait son serment envers sa patrie et son souverain.

7° Le docteur Stokoe prend l'engagement d'exercer son honorable profession auprès de Napoléon, indépendamment de toute prévention ou esprit de parti, et comme s'il était son compatriote, et de ne faire aucun bulletin, ni aucun rapport sur sa maladie, sans lui en remettre l'original.

8° M. Stokoe, en acceptant ces conditions, se réserve l'intégrité de tous ses droits de citoyen et d'officier anglais; il demande à recevoir de l'amirauté le même traitement que son prédécesseur, et n'entend être assimilé en rien aux prisonniers français, le tout avec la permission de son chef, le contre-amiral Plampin.

Longwood, le 17 janvier 1819.

Le docteur Stokoe accepta ces conditions, *pourvu que l'amiral y donnât son consentement*, et il fut introduit auprès de Napoléon, qu'il trouva dans l'état décrit dans le premier rapport qu'il laissa à Longwood, et dont il donna copie à l'amiral.

11*

Ier RAPPORT.

Longwood, le 17 janvier 1819.

Lors de la visite que j'ai faite ce matin, j'ai trouvé Napoléon dans un état de faiblesse extrême ; il ressentait de fortes douleurs au côté droit dans la région du foie, avec des élancemens aigus dans l'épaule. A minuit, il eut un violent mal de tête, suivi d'un vertige qui dura environ un quart d'heure ; aussitôt qu'il fut un peu remis, il eut recours à un bain chaud, qui lui procura une puissante perspiration et le soulagea beaucoup.

Par la tendance marquée que le sang paraît avoir à se porter à la tête, *il est absolument nécessaire qu'un medecin soit continuellement auprès de sa personne, afin qu'il puisse être secouru à temps, lorsque ces symptômes alarmans se déclarent,* ainsi que pour le traitement journalier d'une *hépatite chronique*, qu'indiquent les symptômes mentionnés ci-dessus.

Jean Stokoe,

Chirurgien du vaisseau de S. M. *le Conquérant.*

A M. le comte Bertrand.

Le docteur n'obtint pas l'autorisation de rester à Longwood, et fut obligé de retourner à la ville, où il fut sévèrement questionné sur tout ce qu'il avait vu et entendu à Longwood. Le lendemain, le comte Bertrand l'envoya chercher de nouveau : après avoir éprouvé quelques difficultés, on lui permit de se rendre près du malade ; le permis de l'amiral Plampin, auquel le docteur avait refusé de rendre compte de la conversation qu'il avait eue avec son PATIENT, *lui enjoignit de s'abstenir de tout discours avec Napoléon, ou les personnes de sa suite, excepté ce qui regardait sa profession !*

A son arrivée, il trouva que Napoléon avait passé une nuit sans aucun symptôme alarmant : son second rapport donne la description de la nature de sa maladie.

IIe RAPPORT.

Longwood, le 18 janvier 1819.

Il paraît, d'après les symptômes d'une hépatite chronique, dont la première apparence s'est manifestée il y a environ seize mois, que c'est de là que provient le dérangement de sa santé ; et quoiqu'on représente ces symptômes comme s'étant considérablement augmentés dans ces derniers temps, cependant, si j'en puis juger d'après les apparences actuelles, *je ne crois pas que le danger soit imminent*, bien que, dans un climat où cette maladie est très-commune, il soit probable qu'elle abrégera ses jours.

Les symptômes les plus alarmans sont ceux qu'il éprouva la nuit d'avant-hier ; *s'ils se renouvelaient, le résultat en serait fatal, surtout s'il n'avait pas constamment les secours que l'art médical peut seul lui donner.*

JEAN STOKOE,
Chirurgien.

A trois heures du matin, le 19, le docteur fut mandé de nouveau auprès de Napoléon, qu'il trouva très-mal avec une forte fièvre, comme on le verra dans son troisième rapport, dont il envoya la copie à l'amiral Plampin.

IIIᵉ RAPPORT.

Peu après mon arrivée à Longwood, hier, on m'invita à me rendre auprès de Napoléon Bonaparte ; le comte Bertrand me demanda avec une vive impatience la cause de ma longue absence. Je lui répondis que l'amiral n'ayant pas été *averti officiellement de Longwood*, condition sans laquelle il ne pouvait pas m'accorder de *permis*, je ne l'avais obtenu que très-tard dans l'après-midi. J'ai trouvé le *patient* avec la fièvre, une chaleur considérable à la peau, et un redoublement de mal de tête. Il n'avait eu aucune évacuation en vingt-quatre heures, et craignant une attaque semblable à celle qu'il avait eue dans la nuit du samedi au dimanche, je lui conseillai une légère saignée, et voulus lui faire prendre sur-le-champ un purgatif actif; il parut éprouver beaucoup de répugnance à se soumettre à ce traitement, et désira commencer par essayer l'efficacité d'un lavement.

Vers les trois heures, ce matin, le comte Bertrand me fit appeler et me pria de l'accompagner chez Napoléon. Les symptômes n'avaient pas diminué, et le mal de tête avait augmenté. Je le pressai vivement d'avoir recours à la saignée; il y consentit, ce qui lui procura un soulagement presqu'à l'instant même, il prit aussi une forte dose de sel de Celtenham.

Dans cette circonstance, je saisis l'occasion d'examiner, plus particulièrement que je n'avais encore fait, la région du foie, et je *suis maintenant parfaitement convaincu que ce viscère est dangereusement affecté*. J'ai, en conséquence, recommandé un traitement mercuriel, et les autres médicamens qui conviennent le mieux à la constitution du *patient*.

Jean STOKOE.

IVe RAPPORT.

Sainte-Hélène, le 21 janvier 1819.

Monsieur,

D'après ce qui s'est passé aujourd'hui, j'ai de puissans motifs de présumer que mes visites à Longwood seront suspendues ; des ordres supérieurs, ou les désagrémens qu'on me fera éprouver seront la cause de cette suspension. Dans tous les cas, si je n'ai pas l'avantage de pouvoir m'entretenir avec vous d'un objet qui m'intéresse vivement, je vous invite à vous servir de tous les moyens imaginables pour engager Napoléon à continuer l'usage des médicamens que j'ai prescrits, et qui seuls

peuvent lui faire éviter les dangers immi-
nens dont il est menacé.

L'hépatite, à quelque degré qu'elle soit
parvenue, est une maladie avec laquelle
il ne faut pas plaisanter, sous un climat
tel que celui de Sainte-Hélène; et quoique
les symptômes que Napoléon a éprouvés
semblent annoncer que chez lui elle est
chronique, il est impossible de prévoir
le moment où son caractère pourra changer et où elle deviendra fatale. L'état
d'engourdissement dans lequel se trouve
le foie, l'état habituel de constipation, le
dérangement des organes digestifs, porteront le sang vers la tête, comme cela
est arrivé samedi.

Je vous prie donc, Monsieur, s'il ne
m'est plus permis de suivre moi-même le
traitement, de faire tous vos efforts pour
que je sois remplacé à Longwood par le
docteur Verling.

J'ai l'honneur d'être, etc.

Jean STOKOE

A M. le général comte BERTRAND, etc., à Longwood.

M. Stokoe insista ensuite pour qu'on se servît des médicamens qu'il avait préparés, ajoutant qu'il en enverrait d'autres avec des instructions; mais Napoléon répondit à cela : « qu'il ne prendrait d'autres médecines que celles qui lui seraient présentées par son propre chirurgien. »

Deux ou trois jours après l'envoi de cette lettre, l'amiral Plampin fit signifier au docteur Stokoe, qu'il fallait qu'il quittât sur-le-champ Sainte-Hélène, ou bien qu'il serait traduit à un conseil de guerre, pour avoir envoyé aux Français *des renseignemens en forme de lettres,* ce qui, suivant lui, était une désobéissance formelle à ses ordres. Ces renseignemens n'étaient autre chose que les rapports qu'il avait faits de l'état de la santé de Napoléon et des ordonnances auxquelles il était invité de se conformer, et dont il avait envoyé copie à l'amiral Plampin. En conséquence de cette missive, le docteur Stokoe ne put rester à Longwood, comme on va le voir par la lettre suivante :

Sainte-Hélène, le 18 janvier 1819.

« MONSIEUR,

» A l'occasion de la communication verbale que vous eûtes hier avec le comte Bertrand, le gouverneur me charge de vous prévenir, qu'ayant eu une conférence avec l'amiral Plampin au sujet de la continuation des services de M. Stokoe à Longwood, l'amiral lui fait savoir qu'il lui était *impossible de se passer de la présence de ce chirurgien sur l'escadre , du moins pour un temps illimité* : que d'ailleurs, sans un ordre dés seigneurs de l'amirauté, en sa qualité de commandant en chef, il ne pouvait dispenser cet officier de rester à son poste.

» Le gouverneur, cependant, permettra à M. Stokoe de donner ses soins à Napoléon Bonaparte, quand il en sera requis, mais il désire qu'en pareil cas, « ces vi-

» sites médicales soient faites en présence
» du chirurgien qui se trouve actuellement
» en permanence à Longwood, se con-
» formant strictement aux instructions
» données à ce sujet. »

« Je vous transmets le papier non signé
que vous m'avez envoyé; vous le rendrez
au comte Bertrand, tant parce qu'on s'y
sert du titre *impérial*, que parce qu'il n'est
pas signé, et qu'en outre les propositions
contenues dans cette lettre ne peuvent
donner lieu à aucune délibération.

» J'ai l'honneur d'être, etc. »

G. GORREQUER, major,
faisant fonction de secrétaire militaire.

A M. le capitaine NICHOLLS, officier
d'ordonnance à Longwood.

Pour copie conforme,

Jean NICHOLLS,
capitaine au 66e.

La responsabilité qui pesait sur le médecin chargé de soigner la santé d'un tel *patient*, le forçait à mettre ses ordonnances par écrit, pour prévenir toute méprise dans l'administration des remèdes, et en cas d'un événement fatal, pour prouver la bonté du traitement qu'il avait ordonné.

Une pareille conduite n'a pas besoin de commentaire. Les imputations qu'on fera probablement à la nation anglaise, parce que sir Hudson Lowe a successivement renvoyé les deux médecins en qui Napoléon avait de la confiance, au moment où il était attaqué d'une maladie qui faisait d'affreux ravages dans la colonie, retomberont nécessairement sur celui qui les mérite.

Non content d'avoir privé Napoléon de ses médecins, le sicaire de l'oligarchie britannique fit violer son asile pour lui prodiguer l'outrage!

Tandis que le comte Montholon était malade, Hudson Lowe, ingénieux à imventer de nouvelles vexations, refusa de correspondre avec le général Bertrand et voulut avoir des relations directes avec l'empereur, soit en lui envoyant un de ses officiers deux fois par jour, ou par lettres. Pour parvenir à ce but, Thomas Réade ou le major Harrison se rendaient par son ordre à Longwood, frappaient de toutes leurs forces à la porte extérieure des appartemens de Napoléon en criant : *Sortez, Napoléon Bonaparte! nous voulons voir Napoléon Bonaparte! etc.* Après ces scènes outrageantes, ils laissaient des paquets de lettres adressées *au général Bonaparte*, écrites dans le style ordinaire de Plantation-Housse.

Indigné de tels procédés, l'empereur envoya à son geôlier la déclaration suivante :

Déclaration de l'Empereur Napoléon.

« Les 11, 12, 13, 14 et 16 août 1819, on a, pour la première fois, essayé d'en-

12*

trer de force dans le pavillon habité par l'Empereur Napoléon, qui, jusqu'à cette époque, avait toujours été respecté. Il résista à cette violence, en fermant les portes aux verroux. *Dans cette situation, il réitéra la protestation qu'il a fait faire plusieurs fois, que son asile ne serait violé qu'en marchant sur son corps.* Il a renoncé à tout ; et, depuis trois ans, il a vécu concentré dans l'intérieur de six petites chambres, afin d'échapper aux insultes et aux outrages. Si l'on pousse la bassesse jusqu'à lui envier ce refuge, on a résolu de ne lui en laisser d'autre que la tombe. Attaqué, depuis deux ans, d'une hépatite chronique, maladie endémique dans cette île, et *depuis un an, privé de l'assistance de ses médecins, par l'éloignement forcé du docteur O'Méara, dans le mois de juillet* 1818, *et du docteur Stokoe, en janvier* 1819, il a éprouvé diverses crises, durant lesquelles il a été obligé de garder le lit, quelquefois pendant quinze ou vingt jours consécutifs.

Actuellement, au milieu d'une des crises les plus violentes qu'il ait encore éprouvées, retenu au lit depuis neuf jours, n'ayant d'autres remèdes à opposer à la maladie que la patience, la diète et le bain, *depuis six jours, sa tranquillité a été troublée par des menaces d'attaque et d'outrages, auxquels le prince régent, lord Liverpool et toute l'Europe savent bien qu'il ne se soumettra jamais.*

» Attendu que le désir de l'abaisser et de l'insulter se manifeste tous les jours, il réitère la déclaration qu'il a déjà faite, qu'il n'a pris ni ne veut prendre aucune notice, et qu'il n'a ni ne veut ordonner de faire de réponses à aucunes dépêches, ni paquets dont les expressions seront conçues d'une manière injurieuse pour lui, et en contradiction avec les formes qui ont été suivies depuis quatre ans, de correspondre avec lui par l'intermédiaire de ses officiers ; qu'il a jeté et jettera dans le feu ou par la fenêtre ces paquets insultans, ne voulant rien innover dans l'état des choses qui a été établi depuis quelques années. »

Signé NAPOLÉON.

Longwood, 16 août 1819.

Cependant O'Méara de retour en Europe s'était empressé de faire connaître à la famille de l'empereur la position dans laquelle il l'avait laissé, ses craintes et les circonstances de son renvoi. Le cardinal Fesche fut aussitôt chargé de faire choix d'un médecin et d'un chirurgien dont les talens et la réputation répondissent à l'importance des fonctions qui allaient leur être confiées. Ce choix tomba sur MM. Vignali et Antommarchi. Ces deux médecins partirent pour Londres, où ils furent assez heureux, pendant le séjour forcé qu'ils y firent, pour rencontrer M. O'Méara. Ce dernier leur confirma de vive voix le rapport qu'il avait adressé à Rome sur la fâcheuse position de Napoléon, et l'opinion qu'il en avait conçue. Il les engagea à presser leur départ en leur apprenant que le docteur Stokoe ayant été obligé de cesser ses visites peu de jours après les avoir commencées, l'empereur se trouvait depuis lors privé des secours de l'art dans un si pressant besoin. MM. Antommarchi et Vignali s'embarquèrent et arrivèrent à Sainte-Hélène le 18 septembre 1819 ; mais grâce aux tracasseries inquisitoriales du gouverneur, ce ne fut que le 23 qu'ils purent être admis auprès de l'empereur. « Il reposait alors, dit le docteur Antommarchi, sur un lit de campagne ; la pièce était éclairée ; je pus observer les progrès du mal. L'oreille était dure, la face terreuse, les yeux livides, la conjonction d'un rouge mêlé de jaune, le corps entier d'un excessif embonpoint et la peau très-pâle. J'examinai la langue, elle était couverte d'un léger enduit blanchâtre ; les éternumens étaient violens, prolongés, entrecoupés d'une toux sèche suivie d'une expectoration visqueuse qui variait d'un moment à l'autre.

Les narines étaient cernées, engorgées; la sécrétion de la salive devenait par fois abondante et le bas ventre était un peu dur au toucher. Le poulx petit, mais régulier, donnait environ soixante pulsations par minute. Ces symptômes me parurent inquiétans. J'examinai mieux, et je m'aperçus que la partie du lobe gauche du foie qui correspond à la région épigastrique était comme endurcie, extrêmement douloureuse à la pression. La vésicule du fiel était pleine, résistante, faisant saillie au dehors de l'hypocondre droit, près du cartillage de la fausse côte. Des souffrances vagues se faisaient sentir dans les régions costales et lombaires du côté droit; une douleur plus ou moins vive s'était fixée autour de la mammelle, et Napoléon éprouvait un sentiment de malaise extrême à l'épaule droite. Sa respiration devenait plus difficile lorsqu'on exerçait une pression perpendiculaire au scrobicule du cœur. Il se plaignait aussi d'une douleur d'intensité variable qui affectait depuis long-temps l'hypocondre droit; elle était interne; il cherchait à en préciser le lieu; il disait qu'elle était à deux pouces de profondeur. Il était depuis quelques jours sans appétit; il avait des nausées, des vomissemens; il rendit des amas de matières tantôt âcre, tantôt bilieuse. Les urines, quoique fréquentes, étaient naturelles. D'abondantes sueurs avaient lieu chaque jour. »

Telle était la situation où les privations, les tortures avaient mis l'empereur. Cet état déplorable ne fit qu'empirer.

Les soins du docteur Antommarchi avaient eu d'abord quelque succès; l'empereur semblait se rétablir un peu; il prenait de l'exercice; mais bientôt les espérances qu'on avait conçues s'évanouirent, ce ne fut plus qu'une alternative continuelle de bien et de mal; enfin il fallut renoncer à la guérison de l'auguste malade dans un climat placé sous le tropique.

Dans ce moment le digne O'Méara, instruit des progrès effrayans de la maladie, adressait la lettre suivante à lord Bathurst :

Hôtel de Lyon, 19 juin 1820.

« MILORD,

» J'ai su par plusieurs personnes respectables récemment arrivées de Sainte-Hélène, qu'il était de notoriété publique dans cette île que Napoléon Bonaparte était atteint d'une maladie dangereuse, et que si des secours ne lui étaient pas promptement administrés, la fin de son existence n'était pas très-éloignée. Ces nouvelles m'ont été confirmées par le vénérable ecclésiastique que des infirmités ont obligé de quitter dernièrement le service de Napoléon, qu'on a emprisonné pendant une semaine à bord du *Flamen*, et qu'on a forcé de passer sur le continent sans lui permettre de descendre à terre. J'ai appris en outre que Napoléon avait demandé l'assistance de quelques médecins d'Europe et que sa demande avait été communiquée à V. S.

» Dans ces circonstances, je crois devoir à mon pays et à moi-même de vous informer qu'ayant eu des occasions plus fréquentes d'observer les particularités de la constitution de Napoléon pendant les trois années que j'ai passées auprès de lui, que toute autre personne de mon état qui pouvait consentir à partager son exil, je me croirais impardonnable si je négligeais de lui offrir mes soins par l'entremise de V. S., quand il est probable qu'ils peuvent lui être plus utiles dans sa malheureuse situation que ceux d'un médecin dont les talens pouvaient être supérieurs aux miens, mais qui n'avait pas la même connaissance du tempérament de son malade.

» Votre Seigneurie me rendra la justice de se rappeler que la crise actuellement arrivée a été prédite par moi, et officiellement annoncée à l'amirauté, à mon retour de Sainte-Hélène en octobre 1818. Un temps bien court a trop malheureusement justifié une opinion que le simple bon sens suffisait pour faire prononcer, et que la probité la plus ordinaire obligeait de divulguer. Cette opinion était que, « *la* mort prématurée de Napoléon était aussi certaine, sinon aussi prochaine, si le même traitement était continué à son égard, que si on l'avait livré au bourreau. »

» Je désire de plus informer Votre Seigneurie que si mes offres sont acceptées, je suis prêt à me soumettre à toutes les restrictions qui ne dérogeront point aux principes d'un homme d'honneur, et que je ne demande aucune rémunération du gouvernement, soit pour les frais de mon passage, soit pour le temps où ma résidence auprès de Napoléon sera jugée utile pour sa santé.

» O'Méara. »

Lord Bathurst eut l'inhumanité de répondre à cette généreuse démarche par un refus !

De son côté, le comte Bertrand mandait à lord Liverpool, le 2 septembre 1820 :

» MILORD,

» J'ai eu l'honneur de vous écrire le 25 juin 1819, pour vous faire connaître l'état de santé de l'empereur Napoléon, attaqué d'une hépatite chronique depuis le mois d'octobre 1817.

» A la fin de septembre dernier, est arrivé le docteur Antommarchi, qui lui a donné des soins; il en a d'abord éprouvé quelques soulagemens, mais depuis le docteur a déclaré, comme il résulte de son journal et de ses bulletins, que le malade est venu à un état tel que les remèdes ne peuvent plus lutter contre la malignité du climat; qu'il a besoin des eaux minérales; que tout le temps qu'il demeurera dans ce séjour ne sera qu'une pénible agonie; qu'il ne peut éprouver de soulagement que par son retour en Europe, ses forces étant épuisées par cinq ans de séjour dans cet affreux climat, privé de tout, en proie aux plus mauvais traitemens.

» L'empereur Napoléon me charge donc de vous demander d'être transféré dans un climat européen, comme le seul moyen de diminuer les douleurs auxquelles il est en proie.

» J'ai l'honneur d'être, etc.

» Comte BERTRAND. »

Cette lettre devant passer par les mains du geôlier de Napoléon, fut envoyée à Plantation-House sous un cachet volant; le 3, elle revint à Longwood avec le billet qui suit :

Maison de la Plantation, 2 septembre 1820.

AU COMTE BERTRAND.

« MONSIEUR,

» Les instructions du gouverneur ne lui permettant pas de recevoir des personnes qui résident avec Napoléon Bonaparte, aucune lettre dans laquelle on lui donne le titre d'empereur, j'ai reçu en conséquence l'ordre de vous renvoyer la lettre incluse.

» Le gouverneur me prie en même temps de vous faire observer qu'il n'a reçu de vous aucune lettre adressée à lord Liverpool à la date du 25 juin 1819.

» J'ai l'honneur d'être, etc.

» GORRIGUES, *secrétaire militaire.* »

Le comte Bertrand prit alors le parti d'envoyer directement sa missive à lord Liverpool.

L'instant fatal approchait. L'empereur était réduit à ne pouvoir se nourrir que d'une petite quantité de substances liquides et d'un passage facile; cette nourriture était mal reçue dans son estomac, puisque très-souvent, peu après l'avoir prise, ou même en la prenant, il était forcé de la rejeter.

Dans cet état de choses, le docteur Antommarchi, pour l'acquit de sa propre responsabilité, déclarait ouvertement à l'Europe entière que les progrès de la maladie de l'empereur et des symptômes qui l'accompagnaient étaient très-graves et causés immédiatement par le climat ; que l'art ne pouvait rien contre l'action constante de l'atmosphère de Sainte-Hélène ; et que si le gouvernement anglais ne se hâtait de tirer le martyr de ce lieu destructeur, bientôt il aurait rendu ses dépouilles à la terre.

Le gouvernement anglais était suffisamment instruit de l'état mortel où se trouvait Napoléon ; mais sa perte avait été jurée, et aucun adoucissement ne fut ordonné pour la prolongation de ses jours. Le vautour britannique était las de regarder sa proie ; l'instant de la dévorer était venu !!!

Cependant un dernier effort fut tenté. Le comte Montholon écrivit cette lettre à la princesse Pauline Borghèse :

Longwood, île Sainte-Hélène, 17 mars 1821.

« Madame,

» L'empereur me charge de rendre compte à votre altesse de l'état déplorable de sa santé. La maladie de foie dont il est attaqué depuis plusieurs années, et qui est endémique et mortelle à Sainte-Hélène, a fait des progrès effrayans depuis six mois. Le bien qu'il avait éprouvé des soins du docteur Antommarchi ne s'est pas soutenu. Plusieurs rechutes se sont succédées depuis le milieu de l'année dernière, et chaque jour son dépérissement a été sensible. Sa faiblesse est extrême; il a peine à soutenir la fatigue d'une promenade d'une demi-heure, au pas, en calèche, et ne peut marcher, même dans ses appartemens, sans être soutenu. A sa maladie de foie se joint une autre maladie également endémique dans cette île. Les intestins sont gravement attaqués. Aucune fonction

digestive ne s'opère plus, et l'estomac re-
jette tout ce qu'il reçoit.

» Depuis long-temps l'empereur ne peut
plus manger ni viande, ni pain, ni légumes. Il ne se soutient qu'avec des consom-
més et des gelées.

M. le comte Bertrand a écrit, au mois
de septembre dernier, à lord Liverpool,
pour demander que l'empereur soit changé
de climat, et lui faire connaître le besoin
absolu qu'il a des eaux minérales. J'ai chargé M. Bonavito d'une copie de cette lettre. Le gouverneur sir Hudson Lowe s'est
refusé à la faire passer à son gouvernement, sous le vain prétexte que le titre
d'empereur y était donné à sa majesté.

» M. Bonavito part aujourd'hui pour
Rome. Il a fait la cruelle expérience du
climat de Sainte-Hélène. *Une année de ce
séjour lui aura coûté dix années de vie.* La
lettre que lui a remis le docteur Antommarchi pour son éminence le cardinal
Fesch, donnera à votre altesse de nou-

veaux détails sur la maladie de l'empereur. Les journaux de Londres publient continuellement de fausses lettres datées de Sainte-Hélène, dont le but évident est d'en imposer à l'Europe. L'empereur compte sur votre altesse pour faire connaître à des Anglais influens l'état véritable de sa maladie. *Il meurt sans secours sur cet affreux rocher.* SON AGONIE EST EFFROYABLE.

» Daignez agréer l'hommage, du respectueux dévouement avec lequel j'ai l'honneur d'être, etc.

«Le comte MONTHOLON. »

En réponse à cette lettre, la princesse Pauline adressa la suivante à lord Liverpool.

Rome, 11 juillet 1821.

« MILORD,

» Monsieur l'abbé Bonavito, parti de Sainte-Hélène le 17 mars dernier, et qui vient d'arriver à Rome, nous a apporté les nouvelles les plus alarmantes sur l'état de santé de l'empereur. Je mets sous votre couvert les copies de lettres qui vous donneront tous les détails de ses souffrances physiques. La maladie dont il est attaqué est mortelle à Sainte-Hélène, et c'est au nom de tous les membres de la famille de l'empereur, que je viens réclamer du gouvernement anglais un changement de climat. Si on refusait une si juste demande, ce serait son arrêt de mort qu'on prononcerait, et dans ce cas je demande la permission de partir pour Sainte-Hélène, et d'aller rejoindre l'empereur pour recevoir ses derniers soupirs.

» Je vous prie, milord, d'avoir la bonté d'en solliciter, sans délai, l'autorisation auprès de votre gouvernement, afin que je puisse partir le plutôt possible. Ma santé ne me permettant pas de voyager par terre, mon intention serait de m'embarquer à Civitta-Vecchia, pour me rendre en Angleterre, pour y profiter du premier vaisseau qui ferait voile pour Sainte-Hélène; mais je voudrais qu'il me soit accordé d'aller à Londres pour y prendre tout ce qui pourrait m'être nécessaire pour un aussi grand voyage.

» Si votre gouvernement persiste à laisser périr l'empereur sur son rocher de Sainte-Hélène, je me recommande à vous, milord, pour lever toutes les difficultés qui pourraient entraver mon départ, en étendant même vos soins pour que le gouvernement de Rome n'y mette pas d'obstacle. Je sais que tous les momens de la vie de l'empereur sont comptés, et je me reprocherais éternellement de n'avoir pas employé tous les moyens qui peuvent dépendre de moi pour adoucir ses derniers momens, et prouver mon entier dévouement à son auguste personne. S'il y avait quelques vaisseaux anglais au port de Livourne, à l'instant de mon départ, je demanderais qu'on voulût bien m'accorder la faveur qu'un de ces vaisseaux vienne me prendre à Civita-Vecchia pour me conduire en Angleterre.

» Je vous prie, milord, de communiquer ma lettre et les copies ci-jointes à
lady Holland, qui a toujours donné des
preuves du plus grand intérêt à l'empereur, en l'assurant de mes sentimens d'a-
mitié, et recevez vous-même celle de toute
ma considération.

» La princesse Pauline Borghèse. »

Elle apprit bientôt après que depuis le
5 mai, Napoléon avait cessé de vivre.

Les derniers momens de Napoléon furent
aussi grands que les plus belles phases de
sa vie. Lui seul depuis long-temps avait le
secret de sa mort, et il souriait de pitié à
ceux qui paraissaient en douter.

Un jour, s'étant levé de bonne heure, il
se promena dans le verger près de la cuisine, et l'on remarqua qu'il s'assit sur le
gazon. Le comte Montholon s'approcha de
de lui : « J'éprouve, dit Napoléon, des
nausées à l'estomac ; c'est l'avant-coureur

de la mort ; c'est le héraut dont la sourde trompette doit retentir à l'oreille de tous les humains. » Le comte Montholon se mit à sourire. L'empereur se leva et ajouta, avec ce mouvement de tête expressif qui lui était habituel : « La mort n'est pas une chose dont on puisse rire, mon ami, lorsqu'on la voit de si près ! »

Quelques jours avant de mourir il coupa le cordon d'une sonnette, et le présentant à M. Monkhouse, officier anglais qui se trouvait auprès de son lit : « Pouvez-vous joindre cela, lui dit-il?... Aucun remède ne peut me guérir ; mais ma mort sera un baume salutaire pour mes ennemis... J'aurais désiré de revoir ma femme et mon fils; mais que la volonté de Dieu soit faite ! Il n'y a rien de terrible dans la mort : elle a été la compagne de mon oreiller pendant ces trois semaines, et à présent elle est sur le point de s'emparer de moi pour jamais. Les monstres me font-ils assez souffrir ! Encore s'ils m'avaient fait fusiller, j'aurais eu la mort d'un soldat... J'ai fait plus d'ingrats qu'Auguste. Que ne suis-je comme lui en situation de leur pardonner ! »

La crise qui devait l'emporter avait commencé le 17 mars. «Là, c'est là, disait-il en montrant sa poitrine. » Le docteur Antommarchi lui présenta un flacon d'alcali : « Oh non, poursuivit Napoléon; ce n'est pas faiblesse, c'est la force qui m'étouffe, c'est la vie qui me tue. » Puis se traînant jusqu'à sa fenêtre, il regarda le ciel et dit : « Dix-sept mars, à pareil jour, il y a six ans (Napoléon était alors à Auxerre revenant de l'île d'Elbe); il y avait des nuages au ciel ! Ah ! je serais guéri si je revoyais ces nuages. » Il saisit ensuite la main d'Antommarchi, et l'appuyant sur son estomac : « C'est un couteau de boucher qu'ils ont mis là, et ils ont brisé la lame dans la plaie. »

Le 19 avril, sentant qu'il ne pouvait aller loin, il appela le comte Bertrand, pendant que le docteur Arnott * était à côté de

---

* Médecin du 20e régiment anglais, que Napoléon affectionnait beaucoup.

son lit. «C'en est fait, dit-il, je touche à ma fin, je vais rendre mon cadavre à la terre. Approchez Bertrand ; traduisez à monsieur (au docteur Arnott) ce que vous allez entendre : c'est une suite d'outrages dignes de la main qui me les prodigua ; rendez tout, n'omettez pas un mot.

» J'étais venu m'asseoir aux foyers du peuple britannique ; je demandais une loyale hospitalité, et, contre tout ce qu'il y a de droits sur la terre, on me répondit par des fers. J'eusse reçu un autre accueil d'Alexandre ; l'empereur François m'eût traité avec égard ; le roi de Prusse même eût été plus généreux. Mais il appartenait à l'Angleterre de surprendre, d'entraîner les rois et donner au monde le spectacle inouï de quatre grandes puissances s'acharnant sur un seul homme. C'est votre ministère qui a choisi cet affreux rocher, où se consomme en moins de trois années la vie des Européens, pour y achever la mienne par un assassinat. Et comment m'avez-vous traité depuis que je suis exilé sur cet écueil? Il n'y a pas une indignité, pas une horreur dont vous ne vous soyez fait une joie de m'abreuver. Les plus simples communications de famille, celles même qu'on n'a jamais interdites à personne, vous me les avez refusées. Vous n'avez laissé arriver jusqu'à moi aucune nouvelle, aucun papier d'Europe; ma femme, mon fils même n'ont plus vécu pour moi ; vous m'avez tenu six ans dans la torture du secret. Dans cette île inhospitalière, vous m'avez donné pour demeure l'endroit le moins fait pour être habité, celui où le climat meurtrier du tropique se fait le plus sentir. Il m'a fallu me renfermer entre quatre cloisons, dans un air malsain, moi qui parcourais à cheval toute l'Europe! Vous m'avez assassiné longuement, en détail, avec préméditation, et l'infâme Hudson a été l'exécuteur des hautes-œuvres de vos ministres. » L'empereur continua encore quelque temps avec la même chaleur, et termina par ces mots :

« Vous finirez comme la superbe république de Venise, et moi, mourant sur cet affreux rocher, privé des miens et manquant de tout, *je lègue l'opprobre et l'horreur de ma mort à la famille régnante d'Angleterre !* »

La maladie dura six semaines : elle agit d'abord sur le corps du malade, au point de défigurer ses traits ; mais bientôt ils reprirent leurs formes et leur noblesse naturelles.

Plusieurs jours avant de mourir, il fit mettre le buste de son fils au pied de son lit, et ses yeux restèrent fixés dessus jusqu'à son dernier soupir ; il paraissait avoir un bien vif attachement pour cet enfant.

Le mardi 1er de mai, on pensa pour la première fois que la maladie était dangereuse ; le mercredi 2, elle empira ; le jeudi 3, on désespéra de sa vie. Le docteur Shorst, médecin en chef, et le docteur Mitchell, premier médecin des forces navales de station, dont on avait offert les services, ainsi

14*

que ceux des autres médecins de l'île, furent appelés en consultation par le professeur Antommarchi, le 3 mai ; mais on ne les invita point à voir le malade.

Le vendredi 4, il alla un peu mieux, ayant pris quelques rafraîchissemens.

Pendant le jour, on faisait des signaux de Longwood, de deux heures en deux heures ; ils portaient en substance : *toujours de même, point de changement.*

La nuit du 4 au 5, on n'eut plus d'espoir. Le samedi à trois heures du matin l'empereur perdit connaissance ; deux heures après, les extrémités étaient froides, il n'y avait presque plus de pouls.

L'amiral, le marquis de Montchenu et son aide-de-camp, informés de l'état désespéré du malade, se rendirent immédiatement à Longwood, pour être témoins, comme on le suppose, de sa mort prochaine. Les dernières paroles qu'on lui entendit prononcer furent : « Mon Dieu !... *La nation française...*! Rien à mon fils !...

que mon nom !... France !... France !... » Il rendit son dernier soupir le samedi 5 mai 1821, à six heures moins dix minutes du soir.

Lorsqu'il eut expiré, il avait l'air d'être endormi. Sa figure était calme, il était facile d'y reconnaître quelque chose de noble; elle était encore, quatorze heures après sa mort, une des plus imposantes qu'on pût voir. Mais la chaleur du climat est telle que peu de temps après ses traits étaient méconnaissables; et lors de l'exposition du corps, après avoir été ouvert, il s'était déjà fait un changement total dans tout l'ensemble.

Le docteur Arnott était auprès du malade au moment de sa mort, et lui vit rendre le dernier soupir. Le capitaine Crockat, officier de service, et les docteurs Shorst et Mitchell virent le corps immédiatement après. Le docteur Arnott resta auprès pendant la nuit.

Le lendemain, à sept heures du matin,

Hudson Lowe se rendit à l'appartement où était le corps, accompagné du contre-amiral Lambert, commandant en chef de la station ; M. le marquis de Montchenu, commissaire du roi de France, et chargé des mêmes fonctions de la part de l'empereur d'Autriche ; le brigadier-général Coffin, commandant en second ; MM. Thomas L. Brooze, et Thomas Greentree, écuyer, membres du conseil du gouvernement de l'île ; et les capitaines Brown, Hendry et Marryall, de la marine royale, accompagnaient le contre-amiral et le lieutenant-général. Après avoir vu la figure de Napoléon Bonaparte ils se retirèrent.

On permit ensuite, du consentement des personnes qui composaient sa maison, aux officiers de terre et de mer qui le désirèrent, aux officiers et employés civils de la compagnie des Indes orientales, et à plusieurs autres individus résidant dans l'île, d'entrer dans la chambre où était le corps, et de le voir.

Le capitaine Marryall, de la marine royale, le dessina avec la permission du comte Montholon et du maréchal Bertrand. La ressemblance est parfaite. Le capitaine Marryall a dessiné aussi le tombeau et la procession du convoi de Napoléon.

Comme ce prince avait manifesté le désir que l'on ouvrît son corps, et que les autorités le désiraient aussi, pour que l'on connût le véritable état de sa maladie, l'ouverture eut lieu le lendemain de sa mort 6 mai, à deux heures, en présence des docteurs Shorst, Arnott, Burton, du 66e régiment anglais, et Matthew-Livingstone, médecin au service de la compagnie des Indes. Le professeur Antommarchi assistait à sa dissection. M. le général Bertrand et M. le comte de Montholon étaient aussi présens.

A la première vue, le corps, qui avait de très-petits os et de très-petits muscles, paraissait très-gras, ce qui fut confirmé par la première incision vers le bas-ventre, où la graisse avait plus d'un pouce et demi d'épaisseur sur l'abdomen. En pénétrant à travers les cartillages des côtes, et en examinant la cavité du thorax, on vit une légère adhésion de la plèvre gauche à la plèvre droite. Environ trois onces d'un fluide rougeâtre étaient contenues dans la cavité gauche, et près de huit onces dans la cavité droite; les poumons étaient très-sains; le péricarde était dans son état naturel, et contenait environ une once de fluide.

. Le cœur était de la grandeur naturelle, mais couvert d'une forte couche de graisse; un de ses rognons était renversé; les oreillettes et les ventricules n'avaient rien d'extraordinaire, si ce n'est que les parties musculaires paraissaient plus pâles qu'elles n'auraient dû l'être.

En ouvrant l'abdomen, on vit que la coiffe qui couvre les boyaux était extraordinairement grasse, et en examinant l'estomac, on s'aperçut que ce viscère était le siége d'une grande maladie. De fortes adhésions liaient toute la surface supérieure, surtout vers l'extrémité du pylore, jusqu'à la surface concave du lobe gauche du foie; en les séparant, on découvrit qu'un ulcère pénétrait les enveloppes de l'estomac à un pouce du pylore, et qu'il était assez grand pour y passer le petit doigt.

La surface intérieure de l'estomac présentait une masse d'affections cancéreuses ou de parties squireuses se changeant en cancer; c'est ce que l'on remarqua surtout près du pylore; l'extrémité cardiaque, moins une petite étendue vers le bout de l'œsophage, était la seule partie qui parût saine; l'estomac était plein de sédiments de café.

La surface convexe du côté gauche du foie adhérait au diaphragme, à l'exception des adhésions occasionées par la maladie de l'estomac, le foie ne présentait rien de malsain.

Le reste des viscères abdominaux était en bon état. On a trouvé que Napoléon serait mort plutôt si le foie n'avait pas pénétré de force par le trou de son estomac, ce qui empêchait les alimens de s'échapper.

Après cette opération, on habilla le corps, on le revêtit de l'uniforme vert, à paremens rouges, que l'empereur portait souvent, et de toutes les étoiles de ses ordres.

Quant à l'exposition du corps, et à l'admission générale des habitans pour le voir, Hudson, pour cette fois, s'en rapporta absolument à MM. Bertrand et Montholon, qui, non-seulement y consentirent, mais désirèrent même que cette cérémonie eût lieu.

Son aumônier et ses domestiques lui ayant rendu les devoirs prescrits par la religion catholique, on le plaça, revêtu de son uniforme vert, sur ce petit lit de camp en fer qui lui servait jadis dans ses campagnes, et qui cette fois lui tint lieu de lit de parade. Il avait, entre autres décorations, l'étoile d'or de la Légion-d'Honneur sur le côté. Le prêtre qui se trouvait là, lui avait mis un crucifix d'argent sur la poitrine. Il avait sous son corps le manteau de drap bleu brodé en argent qu'il portait à la bataille de Marengo. Sa chambre était tendue de drap noir. A la tête du corps étaient l'autel, le prêtre, le maréchal Bertrand et le comte de Montholon. Tous ses domestiques étaient aussi présens. Ce qu'il y avait de plus touchant, c'était madame Bertrand, qui était dans une chambre voisine, d'où on l'entendait pleurer amèrement. Quelqu'un ayant dit à cette dame que le chagrin avait peut-être hâté le trépas de Napoléon, elle répondit qu'elle connaissait assez bien sa maladie pour assurer le contraire, et qu'il en serait mort même à Austerlitz, au milieu de toute sa gloire.

Il resta exposé le 6 et le 7. Pendant ces

deux jours, une foule immense vint le voir. C'était pour tout le monde un spectacle des plus frappans, de voir, pour ainsi dire, au milieu des rochers, le corps inanimé d'un homme qui avait commandé à l'Europe, et fait trembler les rois. Les derniers du peuple, en contemplant cette figure muette et pâle, semblaient voir dans une fin si indigne d'un pareil personnage, une leçon terrible pour les grands de la terre.

Le 8 mai, on l'embauma et on l'ensevelit. On remarqua qu'il avait le plus beau corps qu'il fût possible de voir; ses mains étaient blanches comme de la cire, et molles, quoiqu'il y eût trois jours que le frisson de la mort les avait touchées. On remarqua aussi une légère blessure à la tête, qu'il avait reçue de la hallebarde d'un sergent anglais à Toulon; au-dessus du genou une seconde blessure reçue à Ratisbonne, par le choc d'une balle morte, et enfin une troisième à la cheville du pied, reçue en Italie. Son crâne n'a pu procurer aux crânologistes la satisfaction qu'ils attendaient. Les docteurs Mitchell et Burton se sont donné beaucoup de peine pour avoir la forme de sa figure ; mais le gypse qu'ils se procurèrent dans l'île était si mauvais, que tous leurs efforts furent inutiles.

Le corps, revêtu de son uniforme et de ses décorations, a été renfermé dans un cercueil de plomb qu'on a mis ensuite dans deux autres cercueils d'acajou, dont la partie supérieure et les côtés extérieurs étaient simples ; les bords étaient garnis d'ébène noir, et des vis d'argent s'élevaient sur le couvercle.

Une loi du parlement d'Angleterre avait défendu, dès le commencement de sa captivité, de lui donner d'autre titre que celui de général. La pompe de ses funérailles ne laissa rien à désirer, eu égard aux lieux où elles se firent. Son enterrement eut lieu le 9 mai. On lui rendit avec toute la magnificence possible, les honneurs dus à un officier-général du plus haut rang. Voici l'ordre qu'on observa dans cette cérémonie funèbre: Napoléon Bertrand, fils du maréchal; le prêtre, revêtu de ses habits sacerdotaux; le docteur Arnott, du 20e régiment anglais, médecin de l'empereur; le corps dans une voiture de deuil, attelée de quatre chevaux; douze grenadiers, pour descendre le cercueil au bas d'une colline où la voiture ne pouvait aller; le cheval de l'empereur, conduit par deux domestiques. Le comte de Montholon et le maréchal Bertrand portaient les coins du drap mortuaire; c'était le manteau bleu qui venait de lui servir pour le lit de parade. L'épée de Napoléon était sur son cercueil. Madame Bertrand et sa fille suivaient dans une voiture découverte. Des domestiques des deux côtés et derrière. Des officiers de marine et de l'état-major; les membres du conseil; le général Coffin; le marquis de Montchenu, l'amiral et le bourreau du martyr; lady Lowe et sa fille, en grand deuil, dans une voiture couverte. Les dragons, les volontaires de Sainte-Hélène, le régiment de Sainte-Hélène, l'artillerie de terre, le 66e régiment anglais, les soldats de marine, le 20e régiment, l'artillerie royale.

Le corps fut reçu à la sortie de Longwood, par trois mille hommes de troupes, et quatre détachemens de musiciens rangés le long de la route. Après le passage du corps, les troupes le suivirent, et s'arrêtèrent au-dessus de l'endroit où il devait être déposé, occupant la route qui longe la vallée, tandis que le cortége descendait par une route pratiquée exprès. Le corps fut alors enlevé par douze grenadiers, et porté au tombeau, où il reçut la bénédiction du prêtre. Il fut descendu dans une chambre pratiquée dans un vaste caveau en pierre. Une grande pierre recouvre le tombeau; et l'espace intermédiaire est rempli de maçonnerie renforcée de fer.

15*

On prit toutes les précautions pour empêcher l'enlèvement du corps; une garde
d'officiers est chargée de veiller sur le tombeau. Le cœur de Napoléon, que MM. Bertrand et Montholon désiraient rapporter
en Europe, fut remis dans le cercueil; il
est dans une coupe d'argent remplie d'esprit de vin. Son chirurgien désirait garder
l'estomac, mais il fut également conservé
dans un vase d'argent.

Onze salves d'artillerie apprirent à l'O-
céan que le grand homme n'existait plus.

Napoléon est enterré dans un endroit
très-romantique, situé dans une vallée,
près d'une place appelée *Hut's-Gate* (la
Porte de la Cabane).

Lors de son arrivée à Sainte-Hélène, le
maréchal Bertrand demeurait à Hut's-Gate,
en attendant qu'on lui eût construit une
maison près de celle de l'empereur, qui
visitait souvent la famille du maréchal.
Près de là est une source d'eau excellente
dont Napoléon se faisait souvent donner

un verre. Madame Bertrand et le maréchal étaient toujours avec lui. Il leur a dit plusieurs fois : « *S'il arrive que je meure sur ce rocher, faites-moi enterrer dans cet endroit.* » Il désignait sa place près de la source, au-dessous de deux saules. Lorsqu'on ouvrit son testament, on y trouva encore cette demande. Le lieu qu'il désignait était presque inaccessible, quoique n'étant qu'à un mille et demi de Longwood; mais les pionniers y ont fait une route.

La maison destinée à Bonaparte était complétement terminée; M. le maréchal Bertrand le lui ayant annoncé, il répondit qu'elle lui servirait de tombeau, ce qui eut lieu effectivement, car on enleva les pierres d'une partie de la maison pour former le caveau.

Le 11, tous ses effets furent exposés aux regards du public; on n'a jamais rien vu de plus mal composé que sa garde-robe : des vieux habits, des chapeaux, des pantalons qu'un garde-marine voudrait à peine porter. Il était extrêmement difficile de lui faire mettre quelque chose de neuf : après l'avoir porté une heure ou deux, il le rejetait, et reprenait ses vieux habits.

Quelque temps avant de mourir, il éleva Marchand, son domestique, au rang de comte, et fit promettre aux généraux Bertrand et Montholon de le traiter comme tel.

Après la mort de Napoléon, on trouva auprès de son lit quelques papiers qu'il avait déchirés. Ces fragmens, que nous allons rapporter, sont précieux, comme étant plus confidentiels encore que ses paroles, puisqu'il les détruisit après les avoir écrits. Les voici :

« Ils n'y entendent rien. *Pylore, obstruction, hépatite, hépatocèle;* je crois même qu'ils ont dit *hépatomphale* : science de mots qui cache l'ignorance de la chose. Docteur, voulez-vous savoir quelle est ma maladie ? *c'est un Waterloo rentré.....*

» Arnott, que signifie ceci ? des éblouissemens, des vertiges, point d'appétit, ou un appétit strident. Un prurit, un chatouillement, une démangeaison dans la région de l'estomac. Puis lassitude, calme plat, immobilité.....

» Le café, fort et beaucoup, me ressuscite. Il cause une cuison interne, un *rongement* singulier, une douleur qui n'est point sans plaisir. J'aime mieux souffrir que de ne pas sentir...

» Montholon lit fort bien ; madame Bertrand lit mieux. *Hector*, dans sa bouche, me fait un effet tout neuf. Lancival avait bien du talent et Talma aussi. *Astianax*!... En entendant nommer *Astianax*, j'ai pensé à mon fils. Comme Hector, les lâches m'ont traîné vaincu, c'est-à-dire mort, dans la poussière où ils se cachaient depuis trente ans. Ah ! que tout cela fait mal ! Plus de gloire pour la France, veuve et découragée. Les Bourbons n'ont du sang d'Henri IV que la bonté : c'est son épée qu'il faut à cette valeureuse nation.....—

Mon mal me mord..... — Je pense que les insectes éclos de la fange contre-révolutionnaire bourdonnent ; que nouveau Prométhée, je suis cloué à un roc où un vautour me ronge !.... Oui, j'avais dérobé le feu du ciel pour en doter la France ; le feu est remonté à sa source, et me voilà ! — Quelle absinthe m'avez-vous donné là, Antommarchi ? Cet Italien a tout le flegme d'un Saxon. Il va me dire *qu'il le fallait.* Oh ! je ne prendrai pas le reste. Pour me faire vivre, vous m'empoisonnez ! O'Méara me traitait mieux. Bon dieu ! que de médecins ! comment guérirais-je ? Et ce *bon* Hudson Lowe par-dessus * ! je serai enterré ici. »

Avant de nous séparer de Napoléon, jetons quelques fleurs sur la tombe de cette

---

* Napoléon avait une telle antipathie contre ce misérable, que l'ayant vu deux jours avant sa mort, il s'écria : « Je vais échapper à mon geôlier ; » mais, mon Dieu, si vous me damnez, ne me » donnez pas pour diable un autre Hudson Lowe. »

auguste victime. Grand homme! dors en paix, sois heureux! Ta mémoire ne saurait périr! En vain l'Anglais, après t'avoir fait expirer au sein de toutes les tortures imaginables, a voulu triompher de ton nom; en vain il a voulu empêcher que la *vallée du Géranium* devînt un lieu sacré. Ton tombeau est aujourd'hui un rendez-vous pour les facteurs des deux Indes; désormais personne ne passera devant Sainte-Hélène sans déposer un hommage sur ta cendre, en maudissant tes bourreaux!

APPENDICE.

—

LETTRE DE NAPOLÉON

A. M. JACQUES LAFITTE,

BANQUIER A PARIS.

« Monsieur Lafitte, je vous ai remis, en 1815, au moment de mon départ de Paris, une somme de près de six millions, dont vous m'avez donné un double reçu. J'ai annulé un des reçus, et je charge le comte de Montholon de vous présenter l'autre reçu pour que vous ayez à lui remettre, après ma mort, ladite somme avec les intérêts à raison de cinq pour cent, à dater du 1er juillet 1815, en défalquant les paiemens dont vous avez été chargé en vertu d'ordres de moi.

Je désire que la liquidation de votre compte soit arrêtée entre vous, le comte Montholon, le comte Bertrand et le sieur Marchand, et cette liquidation réglée, je vous donne, par le présent, décharge entière et absolue de ladite somme.

Je vous ai également remis une boîte contenant mon médailler; je vous prie de le remettre au comte Montholon.

Cette lettre n'étant à autre fin, je prie Dieu, M. Lafitte, qu'il vous ait en sa sainte et digne garde. »

NAPOLÉON.

Longwood, île Sainte-Hélène, ce 25 avril 1821.

—

LETTRE DE NAPOLÉON

A M. LE BARON LA BOUILLERIE.

« Monsieur le baron la Bouillerie, trésorier de mon domaine privé, je vous prie d'en remettre le compte et le montant après ma mort au comte Montholon , que je charge de l'exécution de mon testament.

Cette lettre n'étant à autre fin, je prie Dieu, M. le baron la Bouillerie, qu'il vous ait en sa sainte et digne garde. »

NAPOLÉON.

Longwood, île Sainte-Hélène, ce 25 avril 1821.

—

RÉFLEXIONS DE NAPOLÉON

SUR LA CONDUITE DU GOUVERNEMENT ANGLAIS A SON ÉGARD.

Le bill qui a traîné Napoléon sur un roc, est un acte de proscription semblable à ceux de Sylla*, et pis encore. Les Romains

* Fameux consul et dictateur romain, qui, après avoir proscrit un grand nombre de sénateurs, et exercé des cruautés inouïes, eut le courage d'abdiquer volontairement la dictature. Il mourut à Cumes, où il s'était retiré, 78 ans avant J.-C., à l'âge de soixante ans.

poursuivirent Annibal * jusqu'au fond de
la Bythinie ; Flaminius obtint du roi Prusias
la mort de ce grand homme, et pourtant
à Rome, Flaminius fut accusé d'avoir agi
ainsi pour satisfaire sa haine personnelle.
En vain allégua-t-il qu'Annibal, encore
dans la vigueur de l'âge, pouvait être dangereux, que sa mort était nécessaire,
mille voix répondirent que ce qui est in-
juste et ingénéreux ne peut jamais être
avantageux à une grande nation ; que de
tels prétextes justifieraient les assassinats,
les empoisonnemens, et toute espèce de
crime!.. Les générations qui suivirent re-
prochèrent cette lâcheté à leurs ancêtres ;
elles auraient payé bien cher pour effacer
une telle tache de leur histoire. Depuis

* Général des Carthaginois, l'un des plus grands
capitaines de l'antiquité, qui ayant perdu la bataille de Zama, se retira auprès de Prusias, roi de
Bythinie, et où, craignant de tomber au pouvoir
des Romains, il s'empoisonna l'an 183 avant l'ère
chrétienne. Il avait alors soixante-quatre ans.

le renouvellement des lettres parmi les nations modernes, il n'est point de génération qui n'ait uni ses imprécations à celles que proférait Annibal au moment de boire la ciguë : il maudissait cette Rome, qui, à une époque où ses flottes et ses légions couvraient l'Europe, l'Asie et l'Afrique, assouvissait sa colère sur un homme seul et désarmé, parce qu'elle le craignait, ou qu'elle prétendait le craindre. Mais les Romains ne violèrent jamais l'hospitalité : Sylla trouva un asile dans la maison de Marius. Flaminius, avant de proscrire Annibal, ne le reçut pas à bord de son vaisseau, et ne lui déclara point *qu'il avait l'ordre de le bien recevoir* * ; la flotte romaine ne le transporta pas au port d'Ostie : bien loin d'avoir recours à la protection des lois romaines, Annibal préféra confier sa personne à un roi d'Asie. Lorsqu'il fut

* Ce sont les paroles du capitaine Maitland à Napoléon, lorsque ce prince se livra à bord du *Bellérophon*, le 15 juillet 1815.

proscrit ; il n'était pas sous la protection de l'étendard romain : il était sous les drapeaux d'un roi ennemi de Rome.

Si jamais, dans les révolutions des siècles, un roi d'Angleterre vient à comparaître devant ce redoutable tribunal de sa nation, ses défenseurs insisteront sur l'auguste caractère de roi, le respect dû au trône, à toute tête couronnée, à l'oint du Seigneur ! mais ses adversaires ne seront-ils pas en droit de répondre : « Un de ses ancêtres proscrivit son hôte en temps de paix, n'osant pas le mettre à mort en présence d'un peuple qui avait ses lois positives et ses formes régulières et publiques ; il fit exposer sa victime sur le point le plus insalubre d'un roc situé au milieu de l'Océan, dans un autre hémisphère. *Cet hôte y périt après une longue agonie,* tourmenté par le climat, les besoins et les injures de toute espèce ! Eh bien ! cet hôte était aussi un grand souverain, élevé sur le bouclier de trente-six millions de citoyens. Il fut le

16*

maître de presque toutes les capitales de l'Europe; il vit à sa cour les plus grands rois, il fut généreux envers eux tous; sa famille était alliée à toutes les familles souveraines, même à celle d'Angleterre; il fut deux fois l'oint du Seigneur; il fut deux fois consacré par la religion !!!.... »

LA MORT
DE NAPOLÉON.

DITHYRAMBE.

PAR LORD BYRON.

C'est quand le soleil ne sera plus que l'on oubliera les épidémies et les tempêtes que ses chaleurs ont causées, pour admirer son éclat, sa lumière et sa force.

C'est quand l'épouse bien-aimée est descendue dans la tombe, que l'homme oublie les défauts de son esprit pour rendre hommage aux vertus de son cœur et aux qualités de son âme.

Le héros est tombé sous la faux des noirs génies. Muses, brisez vos harpes glorieuses; le grand homme n'est plus.

France, dis-moi ce qu'est devenu cet

astre superbe, qui naguère faisait jaillir sur toi des flots de lumière et des gerbe de laurier! Dieu des combats, dieu terrible, qui te plais au son des clairons et des tambours, qui comtemples d'un œil avide les scènes de la guerre; dieu des combats, ton bien-aimé n'est plus!

Et vous, dieux de la gloire, muses, génies des arts, venez jeter avec moi quelques fleurs sur sa tombe.

Napoléon n'est plus! et la nature est muette; et l'Europe est tranquille; et les fêtes ne sont point interrompues! L'ange de la mort a-t-il donc frappé la tête vile d'un homme obscur? Non : l'homme du siècle est tombé, et l'Europe voit d'un cœur froid la chute du colosse qui fit trembler le monde.

Ah! si l'antre de la mort se fût ouvert sous les pas du grand homme, lorsqu'il étendait son sceptre brillant sur les campagnes françaises, sous le beau ciel de l'Italie , aux monts helvétiques, sur les vertes prairies de la Hollande., sur les plaines fécondes de la Germanie , l'Europe en deuil eût célébré sa mort par les clameurs de l'effroi. Héros malheureux ! tu as vécu trop long-temps ; ta mort n'émeut pas plus que la chute d'une feuille desséchée.

Géant des victoires , roi des bataillons armés, ô toi que les rochers et les mers , que le plomb et la foudre ont respecté ! ô toi qui seras éternellement la honte des enfans de l'Angleterre , tu n'es plus ! Pleurez , fidèles Anglais ; votre nom sera maudit ; l'exécration de la postérité vous punira de l'hospitalité violée.

Un roc sauvage, au fond des mers, était l'asile de celui qui occupa le premier trône, qui vit autour de lui une cour de rois, qui porta partout la victoire et ceignit partout les lauriers. Comment un si grand homme est-il tombé ? il semblait l'idole de son peuple.

Ah ! il fut ingrat avec ce peuple généreux. Il crut qu'il ne devait sa gloire qu'à lui seul. Un fol orgueil s'empara de son âme ; et ceux qui lui avaient dit : « Sois notre chef, mais nous sommes tes frères, » devinrent ses esclaves.

Cependant son peuple ne l'eût point encore rejeté, si la trahison n'eût conspiré sa ruine.

La fortune, les élémens, les intempéries des saisons, l'ouragan, les frimats ne suffisaient pas pour abattre l'homme de la guerre. Il fallut que toute l'Europe se soulevât devant lui, et dix-sept armées marchèrent contre Napoléon.

Cependant, il n'eût point été vaincu : des traîtres, plus puissans que des armées, le perdirent.

- Grand dans les revers, comme dans les faveurs de la fortune, il ne fut point lâche : il n'éteignit point le flambeau de sa vie. Il savait que le monde ne remplacerait pas la perte du grand homme. Il vécut. Hélas! maintenant qu'il est tombé, l'admiration n'a plus d'alimens. Il n'y a plus un grand être dans la race des hommes.

Et vous, qui riez de ses misères, vous n'égalerez point ses crimes; car vous n'avez pas ses vertus.

Il crut que les Anglais, ses fiers ennemis, étaient encore grands, comme ils le furent quelquefois, et comme ils se vantent de toujours l'être. Il vint s'asseoir sous leurs foyers. Le géant malheureux osa se placer sous l'appui de l'Angleterre. Le léopard a-t-il jamais dévoré l'aigle qui tombe à ses pieds, blessé par la foudre? O lâcheté! honte éternelle! souvenirs pleins d'opprobres! Napoléon trouva des chaînes sur une terre hospitalière. Des mains infâmes garottèrent le grand homme, qui se livrait à leur foi; et le génie de l'Angleterre couvrit son front humilié d'un voile épais.

Dirai-je les horreurs d'une captivité odieuse, les geoliers inhumains, l'inquisition hideuse qui environna l'homme du siècle ? Non, il était coupable ; il fut puni. Mais l'Angleterre devait-elle se charger du rôle de bourreau ?

Infortuné monarque, quand tu vins, comme Thémistocle, te livrer à tes ennemis, savais-tu bien qu'ils te préparaient six années de tortures ?

L'homme opulent, arraché des bras de la mollesse, et plongé dans un cachot éternel ; le coupable, enchaîné pour toujours dans un bagne infect, sont-ils aussi malheureux que Napoléon sur son rocher, après avoir gouverné l'Europe ? Seul, au bout du monde ! Et il s'était assis sur le beau trône de la France !

Les longues douleurs, les chagrins dévorans consumaient lentement son cœur, et rongeaient ses derniers jours. Il vit en frémissant que sa gloire était passée, que sa vie allait finir, qu'il ne ferait plus rien pour la postérité. Il lui fallut plus de courage qu'aux plaines de Marengo et d'Austerlitz, pour supporter l'idée de cette mort hideuse, abandonné, solitaire, à charge au monde, loin de tous les objets qu'il avait aimés.

L'ange de la mort s'approcha, mais en tremblant. Pour la première fois il semblait craindre de frapper : jamais sa faux sanglante n'avait tranché une vie si grande, et des jours si pleins.

Le soleil se leva quarante fois sur l'agonie du grand homme ; chaque jour on le croyait à son heure suprême ; et chaque jour le noir squelette reculait devant lui. Ses forces étaient épuisées ; la flamme de sa vie allait mourir et tomber dans le néant, comme en des jours plus accablans, mais moins affreux et moins tristes, il avait vu finir le cours de ses jours glorieux.

Il demanda qu'on le portât sur le rocher

nu, et qu'on tournât vers la France ses yeux déjà appesantis par la main de fer du génie des tombes.

Il étendit vers le sol européen ce bras autrefois si redouté. Il s'écria d'une voix brisée :

« O France ! je ne te reverrai plus....
» C'est là le plus grand de mes maux. Et
» vous, champs des combats, témoins de
» mes victoires, vous serez muets au jour
» de ma mort.

» Et vous, monumens durables que j'ai
» fondés, mon nom ne charge plus vos
» colonnes : vous m'oubliez aussi.

» J'acheverai, dans le désespoir, au mi-
» lieu des geôliers, sous la garde de mes
» barbares ennemis, une vie commencée
» dans les bras de la victoire, entourée si
» long-temps des plus glorieux prestiges,
» au sein de l'amour des Français.....

» O France ! ne pleure point sur moi.

» Je ne suis que puni : peut-être serais-je
» devenu un tyran; peut-être l'étais-je
» déjà. Cependant tu m'aimais; tu ne m'as
» point rejeté....

» O France! ô ma patrie! nous avons
» eu ensemble des jours de gloire. — Puis-
» sent ma chute et ma mort te donner des
» siècles de liberté !

» France ! pardonne mes fautes : tu les
» as toi-même causées.— Hélas ! ne peut-
» on pas se tromper sans crime, quand
» on cherche la gloire.

» Adieu donc, braves qui marchiez avec
» moi à la victoire. Adieu, grand peuple;
» nous ne nous reverrons plus.

» Et vous, épouse infortunée, fils plus
» cher encore..... Ah! j'ai à peine serré
» dans mes bras ces objets d'amour que je
» porte dans mon cœur. Oh! adieu pour
» toujours.

» Adieu, ô France ! ô ma patrie ! si tu

» n'as plus ta gloire et tes combats, jouis
» en paix de ton bonheur, de tes souve-
» nirs ; conserve ta liberté que j'ai trop
» enchaînée ; tu n'auras pas perdu ta gran-
» deur. »

Après ces tristes adieux, le héros, jusque là si ferme contre la douleur, ne
trouva plus dans son âme accablée la force
de comprimer ses larmes : il pleura avec
amertume ; et bientôt il expira, les yeux
et les bras tendus vers la France. Et quand
l'ange noir eut osé le frapper, il rendit
son âme à Dieu, en balbutiant ces mots :
Dieu! protége la France !

Pleurez aussi Français ; sa dernière pensée fut de vous bénir.

Pleurez : l'auguste prince qui siége sur
le trône de Henri IV ne comprimera
point vos larmes. Napoléon n'était plus
votre maître, mais il le fut ; et le cœur
du sage Louis ne demande pas à régner sur
des ingrats.

Et moi, étranger à la France, compatriote des bourreaux de Napoléon, j'ai voulu jeter quelques fleurs sur sa cendre, pour cacher l'opprobre de mon pays.

17*

APPEL

A LA NATION ANGLAISE

SUR LE TRAITEMENT ÉPROUVÉ

PAR L'EMPEREUR NAPOLÉON,

DANS L'ILE DE SAINTE-HÉLÈNE..

PRÉFACE.

Je viens de lire une lettre de John Wallis dans les journaux. Voici mes observations : à l'égard de la quantité du vin, je trouve son rapport presque exact ; mais ce qu'il n'a pas dit, c'est le nombre des personnes qui le boivent, non plus que l'insuffisance et souvent la mauvaise qualité de la nourriture. Il a été, sans doute, trompé par ces faibles notions qu'on lui a communiquées à Sainte-Hélène.

Quant au nombre des bouteilles comparé au nombre des personnes, on peut juger que ce n'est pas assez. L'empereur est obligé d'acheter du vin avec le peu d'argent qui lui reste de la vente de son argenterie, laquelle il a vendue exprès pour aider aux dépenses de sa table. On reçoit six bouteilles de Claret, dix-neuf de vin du Cap, six de Ténérife, de la plus mauvaise qualité; une de Madère et une de Constance.

Il faut partager les six bouteilles de Claret susnommées entre huit personnes, sans compter les enfans ; savoir : l'empereur, le maréchal, madame Bertrand et ses trois enfans, le général Montholon et deux en-fans, le comte de Las Cases et son fils, âgé de quinze à seize ans, le général Gourgaud et M. le chef d'escadron Piontkowski.

Comment ces six bouteilles suffiraient-elles à un tel nombre de personnes accoutumées à toutes les aisances de la vie dans une cour, et dans une ville telle que Paris? Restent deux bouteilles de Constance et Madère, pour le dessert. C'est vrai que l'empereur n en porte pas la plainte. Il n'a jamais été ni buveur ni gourmand, mais l'insuffisance des rations n'est pas moins un sujet de grief.

En ce qui concerne dix-neuf bouteilles du Cap et six de Ténérife, sur cette grande quantité, dont M. John Wallis fait mention, il faut abreuver trente-sept personnes de service près de Sa Majesté ou de sa suite, savoir : (je parle du moment de mon départ) douze domestiques français appartenant à l'empereur, quatre au maréchal Bertrand, trois au général Montholon, un au général Gourgaud, un au comte Las Cases, quatre à l'écurie, deux à l'argenterie, un à l'office, deux à la cuisine, deux valets de pied, deux jardiniers ; lesquels, avec les maîtres et leurs enfans, font cinquante personnes pour trente-trois bouteilles de vin. On n'a jamais eu de la bière que dans le temps de l'amiral Cockburn ; l'amiral lui-même sans doute en est instruit.

Tout le temps que j'ai été à Longwood, le jardin n'a rien produit pour l'empereur; tout y était mangé par les bœufs et les chevaux de la compagnie des Indes, aux-quels le jardin est continuellement ouvert. Il y avait à la vérité deux jardiniers; il semblait que c'était pour qu'on crût qu'il y avait un jardin : mais rien ne s'y conser-vait, tout étant dévoré par ces animaux.

On en a rétréci les limites, pour que l'empereur n'eût qu'un quart de lieue à se promener, au lieu de quatre lieues qu'on lui accorde dans les journaux, et qu'il avait dans le temps de l'amiral Cockburn. Je fais la demande aux témoignages de tous les habitans et militaires de l'île. Je fais la demande à l'honneur de l'amiral Cockburn.

Pour les légumes que M. John Wallis dit être fournis par M. Balcombe, il n'y en a jamais assez, et ils sont toujours de la plus mauvaise qualité, quoique le chef d'état-major les visite avant l'envoi. Tout le temps que j'ai été à Longwood, si l'em-pereur a pu en avoir de bons, ça été au jardinier de la compagnie des Indes qu'il les dut, et il les a payés de son argent.

M. John Wallis dit qu'on donne vingt-cinq livres de pain par jour. On l'a pesé plusieurs fois en présence du capitaine Poppleton ; on n'a jamais trouvé que de quinze à dix-huit livres, et il est toujours cuit à moitié, et plein de vers dégoûtans.

Soixante-cinq livres de bœuf : je crois cela exact ; mais cette viande n'est pas toujours mangeable, et souvent elle est détestable. Puisque M. John Wallis a été à Sainte-Hélène, il aurait dû voir de ses propres yeux que, plusieurs fois, de la viande fut renvoyée comme de très-mauvaise qualité, et que jamais elle ne fut remplacée ; il n'aurait pas dû omettre cette vérité, à moins qu'elle ne lui ait été cachée par ceux qu'il interrogea. Ce qui est sûr, c'est qu'il n'a pas tout vu.

John Wallis dit trente-six livres de mouton, sans ajouter de très-mauvaise qualité, et qu'on ne lui accorde qu'un mouton tous les deux jours, et que ce mouton ne pèse pas communément trente livres.

Puisque M. John Wallis n'a rien négligé pour s'instruire, il aurait dû apprendre que le docteur O'Méara renvoya plusieurs fois le bœuf et le mouton, dans la crainte qu'ils empestassent l'empereur et sa suite.

Quant aux six poulets, le rapport est vrai, mais il oublie qu'il en faut deux pour un d'Europe; ce qui réduit les six poulets véritablement à trois. L'empereur est obligé d'en faire acheter trois de grosseur raisonnable, pour supplément.

Et pour les oies et les dindons, l'empereur en reçoit, mais pas tous les jours : son argent en fournit le plus souvent sa table.

Huit livres de beurre et deux livres de lard : très-vrai. Mais M. John Wallis a oublié de dire que c'est insuffisant et qu'il est souvent si rance, qu'on ne peut l'employer.

Il met cinq livres de cassonnade : vrai. Deux livres de sucre blanc. Il se passe du dernier pendant quinze et vingt jours, et n'a que du très-jaune, appelé sucre candi.

On est souvent obligé d'aller mendier de la bougie chez le capitaine Poppleton, comme j'ai déjà dit dans ma relation.

Quand je fus arrivé à Londres, je fus assailli de questions sur l'état brillant de l'empereur dans l'île Sainte-Hélène. Qu'on se figure ma surprise après ce que j'ai vu. L'attachement à la vérité et à mon maître me fit répondre tout ce que j'ai imprimé depuis. Je persiste dans tout ce que le devoir d'un homme vrai m'a porté à révéler. Je ne demande pas mieux que d'être appelé en témoignage de tout ce qui se passa à Sainte-Hélène pendant l'année que j'y ai passée, et dont j'ai fait le récit. J'atteste que je n'ai en vue que deux objets : le premier, la vérité, utile à mon maître ; le second, l'honneur d'une nation telle que l'Angleterre, qui ne peut laisser éprouver de telles duretés à son illustre prisonnier, qu'autant qu'elle les ignore.

On peut bien présenter des calculs imaginaires ou des ordres qu'on n'a pas exécutés, mais moi, je n'offre que le tableau des choses réelles et que j'ai vues de mes propres yeux.

Je ne demande pas la confiance à mes paroles, parce que je n'ai pas le droit d'y prétendre, faute d'amis dans ce pays pour faire connaître ma loyauté; mais je demande l'examen pour constater ou contredire mes paroles.

APPEL

A LA NATION ANGLAISE

SUR LE TRAITEMENT ÉPROUVÉ

PAR L'EMPEREUR NAPOLÉON,

DANS L'ILE DE SAINTE-HÉLÈNE.

Si j'avais pu balancer à remplir le devoir de parler de mon malheureux maître, j'y eusse bientôt été encouragé en voyant les sentimens généreux et compatissans que mon premier récit de ses souffrances excitait dans le cœur des Anglais; et je suis bien persuadé qu'une telle nation n'aura qu'à connaître les faits pour adoucir un traitement qui, non-seulement rend amère, mais menace la vie de mon maître, et laisserait une tache au pays auquel il se rendit par choix et plein de confiance en son honneur et en sa magnanimité.

Je prendrai garde d'abuser de la pitié de ceux à qui je m'adresse, par l'exagération ou le mensonge : je me bornerai à raconter des faits, appuyés de documens à leur suite. En me décidant à cette mesure, je me repose sur la protection de la nation anglaise, ayant la conscience de n'être coupable d'aucune calomnie, et même de l'intention d'offenser qui que ce soit. J'ai pensé qu'un appel à l'humanité et aux lois des nations serait écouté, quoiqu'il soit fait par un homme né dans une humble condition, en faveur de la grandeur malheureuse.

Je suis natif de l'île de Corse ; j'ai pris du service à l'âge de treize ans dans le bataillon des tirailleurs de mon pays ; j'ai assisté aux batailles d'Ulm, d'Austerlitz, de Iéna, Preussich-Eylau, de Friedland, de Ratisbonne, d'Eckmühl, d'Aspern, d'Ypersberg, de Wagram, et enfin à la bataille de Polosk, après laquelle je quittai le métier de soldat pour celui de courrier.

Quand l'empereur quitta Fontainebleau pour l'île d'Elbe, je me décidai à le suivre, sans m'inquiéter du *rang* où je pourrais lui continuer mes services. Peu de temps après notre arrivée, m'étant présenté à l'empereur, il reconnut un ancien soldat qui avait toujours fait son devoir, et il eut la bonté de m'accorder la place d'*huissier* de son cabinet et gardien du portefeuille. Je rentrai en France en 1815, à la suite de l'empereur, et après la bataille de Waterloo, je l'accompagnai à Rochefort et à bord du vaisseau anglais le *Bellérophon*. Enfin je fus du petit nombre des fidèles serviteurs de sa majesté qui eurent le bonheur de le suivre à Sainte-Hélène, où mon service près de sa personne dura près d'un an.

A son arrivée, l'empereur se logea dans la maison d'un négociant nommé Balcombe, et y passa environ deux mois : elle n'était ni propre ni commode ; mais ce n'était pas la faute du chevalier Cockburn. Dans toutes les occasions il concilia les de-

voirs de sa place avec les égards et la délicatesse dûs au malheur et au rang de son
auguste prisonnier.

De là, l'empereur fut transféré à Longwood, ferme de la Compagnie des Indes,
chétif asile où il est encore. Sa chambre à
coucher est à peine assez grande pour un
lit et quelques chaises. Le toit de cette baraque est en papier goudronné, qui commence à pourrir, et laisse filtrer l'eau des
pluies et des rosées. Avec tant d'inconvéniens, la maison est encore infectée de
rats, qui dévorent tout; tout le linge de
l'empereur, même celui qui lui fut envoyé
d'Angleterre, en a été rongé, et il est
complétement abîmé; faute d'armoire, on
le laisse exposé sur le plancher, et lorsque
l'empereur est à dîner, on voit les rats
parcourir l'appartement, et même passer
entre ses jambes.

Il est tout-à-fait faux qu'il ait été construit une maison pour l'empereur, laquelle, comme on l'a dit ici, avait été cn-

voyée d'Angleterre. A la vérité il y est arrivé quelques charpentes, mais le gouverneur a déclaré qu'aucune maison ne serait bâtie avant trois ou quatre ans.

L'empereur établi à Longwood, le chevalier Cockburn apporta l'économie la plus expresse dans chaque branche de la dépense; l'empereur, cependant, ne manqua jamais du nécessaire, et l'amiral avait toujours soin qu'on ne refusât rien de ce qui était indispensable, conformément au local, à la personne de l'empereur, et au devoir dont il fut responsable.

Ce n'est pas de l'économie que le nouveau gouverneur a apportée dans la maison de l'empereur, *c'est la disette*.

On se rappelle que le gouverneur s'est seul chargé de l'entretien de Napoléon et de sa suite. Les provisions qu'il fournit sont toujours en quantité trop petite; et encore bien souvent sont-elles de mauvaise qualité. Lorsque, dans ce dernier cas, le maître d'hôtel de l'empereur (Cipriani) s'est vu forcé de les renvoyer, elles n'ont jamais été remplacées par d'autres qui fussent mangeables, et il a fallu attendre jusqu'au lendemain pour la provision journalière.

Il est arrivé bien souvent qu'étant tout-à-fait dépourvu de viande pour le dîner de l'empereur, le maître d'hôtel m'envoya acheter un mouton, que je payai *quatre guinées*, et bien des fois je ne pus trouver que du porc, pour en faire de la soupe.

Le capitaine Poppleton, du 53e régiment, chargé de la surveillance de l'empereur, s'il est homme d'honneur, comme je le crois, pourra attester qu'il prêta souvent de la bougie pour éclairer cette demeure de désolation, comme aussi du pain, du beurre, des poulets, et jusqu'à du sel. J'étais même dans l'habitude, par nécessité, de me rendre furtivement au camp anglais, pour acheter du beurre, des œufs et du pain des femmes des soldats, sans quoi l'empereur serait resté tout un jour sans déjeûner et même sans dîner.

Le gouverneur lui avait donné sept domestiques anglais pour le servir; l'empereur se trouva forcé d'en congédier quatre, *faute de pouvoir leur donner à manger,* sur quoi le gouverneur accorda des rations de soldats aux trois qui restaient.

Que de fois aussi le maître d'hôtel Cipriani *acheta les rations de pain* de ces trois domestiques, qui le recevaient du camp, à défaut des provisions pour l'empereur et sa suite, lesquelles n'arrivaient pas!

C'est un fait qui paraîtra incroyable, mais qui n'est que trop vrai : *l'Empereur est borné à une bouteille de vin par jour.* Le maréchal et madame Bertrand, le général Montholon et sa femme, le général Gourgaud et le comte de Las Cases, ont aussi chacun leur bouteille.

Le maréchal Bertrand a trois enfans, M. de Montholon deux, et M. de Las Cases un, âgé de quinze à seize ans; et à toutes ces bouches le gouverneur n'accorde point de ration.

Dans cet état de choses, l'empereur se vit forcé de vendre toute son argenterie pour subvenir aux premières nécessités de la vie. Ce fut moi-même qui la brisai toute en morceaux avant de l'envoyer au marché. Les fonds que la vente produisit furent déposés, par ordre du gouverneur, entre les mains de M. Balcombe, sans que l'empereur ait pu en toucher un sou.

Lorsque le maître d'hôtel, dans la nécessité de suppléer à l'insuffisance des vivres fournis par le gouverneur, en achète lui-même (ce qui arrive tous les jours), il ne peut en payer le prix qu'avec des bons sur M. Balcombe.

Si je ne réussissais pas, me levant à la pointe du jour, à tuer avec mon fusil quelques tourterelles aux alentours de la demeure, l'empereur n'avait rien pour déjeûner, les vivres n'arrivant à Longwood qu'à deux ou trois heures d'après midi ; et quand ils étaient de si mauvaise qualité que le maître d'hôtel les renvoyait, l'empereur se nourrissait de ma petite chasse. Dans ces occasions, son cuisinier se trouvait heureux d'avoir avec lui quelques tablettes qu'il avait apportées de Paris, dont il faisait un bouillon pour l'empereur.

Il n'y a point d'eau potable à Longwood; mais à la distance de 1,200 verges il y en a de la bonne qui pourrait être conduite jusque dans la baraque même de l'empereur, avec une dépense d'environ 12 à 1,500 francs.

La maison n'est pourvue que de l'eau qu'on va chercher à cette fontaine; elle n'est ouverte qu'une fois par jour, le reste du temps elle est fermée. La clef est gardée par quelque officier anglais qui s'y trouve rarement au moment où l'on a besoin d'y puiser. Il y a bien un conduit qui mène l'eau au camp des Anglais, mais on n'a pas cru nécessaire de faire autant pour le malheureux Napoléon.

J'épargne à la nation anglaise, si humaine et si grande, la peinture d'autres insultes et des humiliations auxquelles l'empereur se trouve exposé, et les griefs envers le gouverneur sir Hudson Lowe. Je me bornerai à dire qu'il s'est permis de l'offenser, au point qu'à la dernière visite qu'il lui rendit, et où je fus présent, l'empereur lui dit : « N'avez-vous donc pas fini de m'insulter ! Sortez de ma présence, que je ne vous voie plus, à moins que vous ne receviez ordre de votre gouvernement de m'assassiner ; alors vous me trouverez prêt à vous découvrir ma poitrine. Mon corps est dans vos mains ; vous pouvez verser mon sang ! »

Le climat de Longwood est des plus malsains : tout y est extrême, l'humidité, le vent et la chaleur.

L'amiral Cockburn avait accordé, pour les promenades de l'empereur, une enceinte de plus de deux lieues à la ronde ; mais le gouverneur actuel l'a depuis, sans aucun motif, réduite à moins d'une demi-lieue.

Les inconvéniens du climat de Longwood, et surtout l'humidité dominante à laquelle l'empereur est exposé, a considérablement altéré sa santé, et c'est l'opinion de son médecin anglais, qu'il ne peut y séjourner un an encore sans exposer ses jours.

Le 18 avril 1816, le gouverneur, par ordre de son gouvernement, a exigé que chaque individu de la maison de l'empereur, qui désirerait rester à son service, signât une déclaration qu'il rédigea lui-même à cet effet : mais parce que dans cette pièce il ne donnait à l'empereur que le titre de *général Bonaparte*, il nous a paru que le respect que nous devions à notre maître ne pouvait se concilier avec la signature d'une pièce qui donnait à l'empereur un pareil titre. Conséquemment nous en écrivîmes une autre; ainsi qu'il suit :

« Je soussigné, déclare de vouloir rester à l'île de Sainte-Hélène, au service de l'empereur Napoléon, et de me soumettre aux restrictions que le gouvernement peut imposer à l'empereur Napoléon, quoiqu'injustes et arbitraires. »

Ayant tous signé cette déclaration, elle a été acceptée sans difficulté par le gouverneur, qui l'expédia aussitôt en Angleterre.

Puisque nous nous étions maintenant conformés à tout ce que le gouverneur avait exigé de nous, nous avions le droit d'espérer qu'il nous aurait laissé jouir du bonheur de consacrer le reste de nos jours au service de notre illustre maître; mais nous fûmes trompés dans cette attente, puisque quelque temps après, à notre grand étonnement, le gouverneur exigea de nous une nouvelle déclaration, en tout conforme à la première, à l'exception qu'il insista que le nom de *Napoléon Bonaparte* fût substitué au titre de l'*empereur Napoléon*. Puisque le gouverneur avait, sans difficulté, accepté, et envoyé en Angleterre notre première déclaration; il est difficile de deviner quel a pu être le but de cette répétition apparemment capricieuse et arbitraire. Cependant après quelqu'indécision, chaque individu de la suite, ainsi que de la maison de l'empereur, signa cette nouvelle déclaration, hormis le comte Piontowski et moi-même. Ainsi, jusqu'à ce point, le gouverneur n'avait de prise que sur ces deux individus de la maison de l'empereur; mais cela ne suffisait point pour le but, qui paraît être d'éloigner peu à peu de l'île toute la suite du malheureux empereur, et dans cette occasion il insista que quatre individus quittassent l'île. Ainsi il a fallu que le sort tombât sur deux qui avaient plein droit d'y rester, puisqu'ils s'étaient conformés aux conditions que le gouverneur avait exigées. Quant au choix des individus qui devaient être écartés de l'île par cet ordre, le gouverneur le laissa à l'empereur, qui nécessairement le fit tomber sur ceux de ses gens dont il pouvait le mieux se passer.

L'empereur ayant vendu son argenterie, a pu se dispenser des services du chef d'argenterie, et ayant diminué le nombre de ses chevaux, faute de fourrages, il a licencié un des deux piqueurs qu'il avait à son service, et n'ayant plus de cabinet, l'huissier lui fût devenu également superflu; ainsi il a jugé à propos de me congédier, d'autant plus que les objets de première nécessité, pour sa maison, diminuent tous les jours.

. Le colonel Piontowski a été éloigné de l'île par ordre du gouverneur.

. Nous quittâmes Sainte-Hélène le 28 octobre, à bord de la frégate anglaise *l'Oronte*, et après avoir été au cap de Bonne-Espérance, nous revînmes à Sainte-Hélène. Nous y restâmes quelques jours, mais sans qu'on nous permît de débarquer. L'Empereur ayant été informé de notre retour, nous fit acheter dans la ville de St-James, des provisions pour notre voyage en Angleterre, qu'on nous fit parvenir à bord.

Nous avons été obligés de renvoyer à terre le *live stock*, le capitaine voulant nous obliger de le tuer sur-le-champ. Quant au vin, nous n'en avons point bu, ne voulant nous soumettre à nous voir distribuer en ration, ce cadeau de l'empereur, qui nous appartenait de plein droit.

Enfin, le 25 février, nous arrivâmes à Portsmouth, d'où je me suis rendu à Londres ; pour remplir le devoir pénible, mais sacré, dont je m'acquitte en publiant cette relation.

Puisque chaque anecdote qui a quelque relation avec l'empereur Napoléon, paraît exciter beaucoup d'intérêt, et puisque je désire non-seulement de contenter le généreux peuple britannique, mais aussi, autant que je le pourrai, de lui fournir les moyens de former des aperçus justes sur les faits auxquels j'ai sollicité son attention, il m'est survenu d'ajouter quelques nouveaux détails à ma précédente relation.

Le 21 juin 1816, trois commissaires, l'un français, un russe et l'autre autrichien, vinrent à Sainte-Hélène, chargés, à ce qu'il paraît, par leurs respectifs souverains, de surveiller, en quelque façon, l'empereur Napoléon.

Il est cependant extraordinaire que ces messieurs aient été près de deux mois dans l'île avant que nous ayons eu connaissance de l'objet de leur mission, ou qu'ils aient fait quelque démarche ouverte pour communiquer avec l'empereur. Enfin, les commissaires autrichien et français ont invité celui de la Russie à se joindre à eux dans la rédaction d'une lettre adressée au maréchal Bertrand, afin de le prévenir qu'*ils désiraient voir le général Bonaparte*. Le commissaire russe refusa de signer, ou de se mêler d'une telle pièce, en déclarant que cela n'aurait été nullement en conformité avec son devoir, avec ses instructions écrites de la main propre de l'empereur Alexandre, et d'après lesquelles il lui était enjoint d'avoir le même respect et les mêmes égards pour la personne de l'empereur Napoléon que pour celle d'Aléxándre même.

Les deux autres commissaires, sans être découragés par cette défection de leur collégue, donnèrent cours à leur lettre au grand maréchal Bertrand; ce dernier ayant consulté l'empereur sur la réponse qu'il fallait y faire, eut l'ordre *de ne pas en donner*; mais un moment après l'empereur ajouta : « Vous pouvez leur envoyer dire par le premier venu, que je ne les recevrais pas comme commissaires, mais que, s'ils désiraient me voir comme simples particuliers, ils pourraient se faire annoncer comme tels. » Nous n'avons jamais su, par la suite, s'ils ont profité de cette permission que l'empereur leur avait accordée. J'ai cependant entendu dire que l'empereur s'est, par suite, exprimé dans des termes très-flatteurs de la conduite honorable et délicate du commissaire russe.

Etant de service auprès de l'empereur, je l'ai souvent entendu s'exprimer avec beaucoup de confiance sur le naturel noble et magnanime de son ancien ami l'empereur de Russie, qui, disait-il, « *n'accéderait jamais au système de vexation qu'on lui faisait éprouver à Sainte-Hélène.* »

——

Proclamation du lieutenant-général sir Hudson Lowe, gouverneur et commandant en chef, pour l'honorable compagnie des Indes orientales, de l'île Sainte-Hélène, et commandant des forces de S. M. dans ladite île.

En vertu des pouvoirs et de l'autorité qui m'ont été donnés par l'ordre et au nom de S. M. B. en date du 12 avril de la présente année, et du règne de S. M. le cinquante-sixième, lesquels m'autorisent à retenir Napoléon Bonaparte et à le traiter en prisonnier de guerre, en me conformant aux ordres particuliers qui me seraient transmis, de temps en temps, de la main d'un des premiers secrétaires d'état de S. M. pour prévenir l'évasion du susdit Napoléon Bonaparte : tous les bien-aimés sujets de Sa Majesté, ses officiers de terre et de mer, sont requis de prêter main-forte et assistance. Il est fait savoir publiquement que le gouvernement britannique a arrêté, dans sa présente session, que le susdit Napoléon Bonaparte serait détenu, et que quiconque aiderait sa fuite subirait la peine capitale. Le gouverneur a également reçu pleins pouvoirs pour régler les rapports journaliers des vaisseaux avec l'île, pendant le temps que Napoléon Bonaparte serait retenu prisonnier.

Les copies des deux actes sus-mentionnés sont annexées ici.

En conséquence, il est fait connaître publiquement que les différens ordres promulgués jusqu'à présent dans l'île, pour ce qui a rapport à la sûreté du susdit Napoléon Bonaparte, et pour ce qui est d'em-

pêcher toute correspondance ou communication avec lui, ses généraux ou ses
domestiques, continueront à rester en
vigueur.

Il est fait savoir encore qu'après cette
proclamation, quiconque enfreindrait les
ordres établis pour sa sûreté, « ou entre-
tiendrait une correspondance quelconque
avec lui, ses généraux ou ses domestiques»,
placés, d'après leur propre vœu, dans la
même catégorie, ou qui en recevraient
ou leur remettraient des lettres ou paquets,
« sans l'autorisation expresse du gouverneur, ou de l'officier commandant alors
dans l'île, et tenant la plume en sa place »;
quiconque aura commis l'un des actes ci-
dessus, « sera considéré comme ayant agi
contre les ordres et les intentions expresses
des susdits actes du parlement, et sera
poursuivi en conséquence. Si, par suite de
quelqu'infraction aux règles établies pour
sa sûreté, ou d'après quelque correspondance entretenue avec lui ou les gens de

sa maison, le susdit Napoléon Bonaparte venait à s'évader, ces personnes seraient considérées comme ayant facilité sa fuite, et jugées selon toute la rigueur des lois. »

Il est déclaré en outre que, quiconque aurait connaissance des projets ou menées ayant pour but de faciliter son évasion, et n'en donnerait pas immédiatement connaissance au gouverneur, ou à l'officier commandant en sa place, ou ne ferait pas tous ses efforts pour le prévenir, serait considéré comme y ayant pris part, et jugé comme tel.

Tout individu qui recevrait des lettres de Napoléon Bonaparte ou des personnes de sa maison, et qui ne les remettrait pas immédiatement au gouverneur ou à l'officier commandant en sa place, ou qui procurerait au susdit Napoléon Bonaparte, à ses officiers ou domestiques, de l'argent ou tout autre moyen d'évasion, sera considéré comme l'ayant aidé, et jugé comme tel.

Toutes les lettres ou communications

pour Napoléon ou sa suite, ou venant de quelqu'un d'eux, soit cachetées ou ouvertes, devront être remises au gouverneur sans perdre de temps, et dans le même état qu'elles auront été reçues.

L'objet de la présente proclamation n'est pas d'autoriser aucune rigueur inutile, mais de donner plus de force à l'exécution des règles jusqu'alors établies, et de prévenir les funestes résultats que pourraient amener l'ignorance et l'imprudence aussi bien que la volonté. Toutes les personnes que leur devoir appelle près du lieu habité par Napoléon et les gens de sa suite, ou qui auraient quelques relations d'affaires avec eux, sont donc prévenues qu'elles recevront des permissions régulières du gouvernement de l'île, et signées. L'acte du parlement ne saurait autoriser aucun traitement violent ou aucune conduite inconvenante envers Napoléon ou les gens de sa maison, tant qu'ils observeront les défenses que leur ont imposées les lois et les instructions du gouvernement de sa majesté.

Donné à James-Town, dans l'île Sainte-Hélène, le 28 juin 1816.

Signé HUDSON LOWE.

Par ordre du gouverneur,

Signé G. GORREQUER,
Secrétaire militaire.

—

ILE SAINTE-HÉLÈNE.

Ordonnances concernant le port.

I. Les commandans de vaisseaux de l'honorable compagnie des Indes orientales, et les maîtres ou commandans de tous vaisseaux marchands, à qui il est permis de mouiller dans cette île, ne doivent point prendre terre ou permettre qu'aucune personne appartenant à leurs vaisseaux ou navires, ne débarque avant que la présente ordonnance n'ait été communiquée à bord desdits bâtimens : ils doivent au préalable envoyer au gouverneur une liste des passagers, afin que celui-ci puisse désigner ceux qui pourraient descendre à terre.

II. Dans le premier cas, il est exigé de tout commandant de vaisseau ou de bâtiment marchand, de déclarer positivement s'il règne ou s'il a régné quelque maladie à bord du vaisseau, sans que lui ou son chirurgien considère si elle a été contagieuse ou non, s'il n'y a point eu de mort, et dans ce cas, quelles en avaient été les causes pendant le cours du voyage.

III. Toutes les lettres et paquets, quelles que soient les personnes à qui ils seraient adressés, si elles résident dans l'île, à l'exception de ceux venant par les malles régulières ou par la poste, devront être remis à l'officier qui donnera connaissance de cette ordonnance. Celui-ci les déposera au secrétariat du gouvernement, où les personnes à qui elles seront adressées, viendront les réclamer.

IV. Si le commandant, ou quelqu'un de ses passagers, ou qui que ce soit à bord de

son vaisseau , était chargé de quelques lettres , paquets, etc. , à l'adresse de quelques-uns des étrangers de l'île , ils sont
priés de le faire connaître au gouverneur
lui-même , en lui mettant la lettre ou le billet, sous enveloppe, et en attendant ses ordres si les paquets étaient peu importans.

V. Le commandant du vaisseau seulement , une fois que cette ordonnance aura
été lue et publiée à bord, pourra débarquer s'il lui plaît, et se rendra directement
chez le gouverneur, s'il est en ville, et dans
le cas contraire, fera connaître son arrivée aux quartiers du délégué de l'aide-
major-général.

VI. Les commandans, officiers, et tous
passagers à qui il sera permis ensuite de
débarquer, se rendront au bureau du major, à la ville , pour prendre lecture des
réglemens de l'île, et les signer, avant que
de se rendre à leurs logemens, ou visiter
quelque maison ou quelque individu que
ce soit.

VII. Aucun passager ou autre personnage débarquant des vaisseaux qui touche-
ront la côte, ne devra quitter la vallée de
James, sans permission ; et pour l'obtenir,
il devra se présenter chez l'aide-major-
général.

VIII. Aucun individu, quel qu'il soit,
ayant la permission de débarquer, ne devra visiter Longwood, ou les limites y at-
tenantes, ni avoir aucune communication
verbale ou par écrit avec les étrangers détenus dans l'île, sans faire connaître directement ses intentions à ce sujet au gouverneur, et sans en avoir obtenu l'autorisation. Si un individu quelconque venait à
recevoir quelque lettre ou paquet de quelqu'un des étrangers dont on a parlé, il devra l'apporter, sans perdre de temps, au
gouverneur, avant que d'y répondre. La
même règle est applicable à tous les paquets qui pourraient être reçus, ou que
l'on chercherait à faire remettre.

IX. Les commandans des vaisseaux des

Indes orientales, et les maîtres de vaisseaux marchands de toute espèce, à qui il sera permis de mouiller sur les côtes de l'île, ne devront permettre à qui que ce soit, de venir à terre *en permission*, sans l'autorisation du gouverneur ; aucun des passagers ne pourra coucher à terre, sans qu'il en soit instruit.

X. Aucun vaisseau appartenant à la compagnie des Indes orientales, ou quelque bâtiment marchand que ce soit, ne devra débarquer entre le coucher et le lever du soleil, ni à quelques instans du jour que ce soit, sans qu'un officier commandé à cet effet ne soit présent. Si le vaisseau, pour un motif quelconque, reçoit l'ordre de ne point aborder, il devra veiller à ce qu'il se tienne à une certaine distance du port, afin que les autres bâtimens puissent débarquer sans interruption. On devra mettre la plus grande célérité à ce que les bateaux chargeant ou déchargeant des marchandises n'entravent point les autres dans leurs trajets.

XI. Tous les bateaux appartenant à la compagnie des Indes, ou vaisseaux marchands de toute espèce, devront quitter l'île au coucher du soleil, et devront être immédiatement rendus à bord de leurs vaisseaux respectifs, excepté dans les circonstances que désignera l'amiral.

XII. Aucun bateau appartenant à un vaisseau de la compagnie, ou à quelque bâtiment marchand que ce soit, ne pourra aborder ou envoyer de bateau à aucun autre vaisseau arrivant dans le port.—Aucun bateau ne pourra débarquer autre part que dans le port.

XIII. Aucun vaisseau de la compagnie, ou bâtiment marchand de quelque espèce que ce soit, ne devra jeter l'ancre devant cette île, entre le coucher et le lever du soleil, ni mettre à la voile après le soleil couché, ni avant dix heures du matin. Ils ne devront non plus mettre à la voile, que le pavillon de congé n'ait été hissé sur chaque vaisseau ou bâtiment.

XIV. Si le pavillon de congé était hissé sur un vaisseau peu de temps avant le coucher du soleil, et qu'il ne levât pas aussitôt l'ancre, il ne pourra mettre à la voile que le signal n'ait été répété le lendemain matin à dix heures.

XV. Il est expressément défendu à tout commandant de vaisseau ou de bâtiment marchand, de permettre à aucun bâtiment pêcheur de l'île, de longer les flancs de son navire sans un permis signé du gouverneur, ou de souffrir qu'aucun bateau appartenant à leur vaisseau n'approche des barques numérotées des pêcheurs de l'île, ou ne communique avec eux.

XVI. Si un bateau pêcheur cherchait à communiquer avec un vaisseau qui eût le cap sur l'île, qui serait déjà à l'ancre, ou enfin s'il communiquait avec quelque bateau appartenant à ce vaisseau, son commandant, ou ses officiers, sont requis de le faire savoir aussitôt au pavillon, et au député aide-major-général, en prenant le numéro du bateau, et en le retenant, selon que l'exigeraient les circonstances.

XVII. Les commandans de vaisseau porteurs de journaux qui pourraient contenir des nouvelles récentes dignes d'intérêt, sont requis de les remettre à la personne par qui ces présentes leur seront lues, pour l'intelligence du gouverneur, qui les leur fera rendre soigneusement.

XVIII. Il est défendu de débarquer de la poudre à tirer, sans en avoir préalablement averti le commissaire des magasins, le master intendant (officier employé dans les arsenaux de la marine), afin que toutes les précautions nécessaires soient prises pour prévenir les accidens.

XIX. Il ne pourra être débarqué d'étalon, de jument, ou cheval hongre, sans une permission du secrétaire du gouvernement.

XX. Il ne sera débarqué aucun vin, de quelque nature qu'il soit, sans un permis signé du secrétaire du gouvernement.

XXI. L'honorable conseil des directeurs ayant prohibé l'importation des spiritueux provenant de l'Inde, il est ordonné que quiconque enfreindrait cet ordre, paierait une amende de 100 livres sterling. L'eau-de-vie, l'hydromel, le rhum des Indes occidentales, les cordiaux, etc., ne peuvent de même être débarqués qu'en très-petites quantités, après en avoir obtenu la permission, et payé un droit, à raison de 12 sch. par gallon. Le débarquement de toute espèce de spiritueux, en quelque quantité que ce soit, sans permis, assujettira le contrevenant à la peine sus-mentionnée.

XXII. Les vaisseaux baleiniers ne devront pas jetter leurs harpons, tant qu'ils seront dans les passages de l'île, sous peine d'une amende de 50 francs ; la moitié de cette somme sera comptée à celui qui les dénoncera.

XXIII. Tout commandant de vaisseau ou maître de bâtiment marchand devra prévenir quarante-huit heures avant son départ, pourvu qu'il se prépare toutefois de rester aussi long-temps dans la rade. Cet avertissement doit être donné écrit, au secrétaire du gouvernement, et au master intendant, entre dix heures du matin et deux heures d'après-midi. Le petit hunier doit être également détaché, quarante-huit heures avant le départ du vaisseau.

Tout commandant ou maître de vaisseau ou bâtiment marchand ne doit, sous aucun prétexte, laisser personne dans l'île, ou emmener qui que ce soit, sans avoir demandé la permission par écrit au gouvernement.

XXIV. Aucun commandant, passager, ou toute autre personne que ce soit, à bord d'un des vaisseaux de l'honorable compagnie ou autre, qui pourrait avoir jeté l'ancre devant l'île, ne pourra se charger des lettres ou paquets pour les transporter en Europe, au Cap de Bonne-Espérance, au sud de l'Amérique, ou partout ailleurs, excepté ceux remis par la poste, ou qui leur auraient été consignés dans la malle par la poste, par le secrétaire du gouvernement, ou par l'aide du major-général.

Le commandant du vaisseau ou bâtiment marchand signera le rapport dont la forme est ci-annexée pour l'intelligence du gouverneur, et le remettra à l'officier qui lui aura donné lecture des présentes.

TESTAMENT

DE

NAPOLÉON.

—♦—

Napoléon.

Cejourd'hui, 15 avril 1821, à Longwood, île de Sainte-Hélène.

Ceci est mon testament, ou acte de ma dernière volonté.

I.

1° Je meurs dans la religion apostolique et romaine, dans le sein de laquelle je suis né, il y a plus de cinquante ans.

2° Je désire que mes cendres reposent sur les bords de la Seine, au milieu de ce peuple français que j'ai tant aimé.

3° J'ai toujours eu à me louer de ma très-chère épouse Marie-Louise; je lui conserve jusqu'au dernier moment les plus tendres sentimens ; je la prie de veiller pour garantir mon fils des embûches qui environnent encore son enfance.

4o Je recommande à mon fils de ne jamais oublier qu'il est né Français, et de ne jamais se prêter à être un instrument entre les mains des triumvirs qui oppriment les peuples de l'Europe. Il ne doit jamais combattre ni nuire en aucune manière à la France ; il doit adopter ma devise : *Tout pour le peuple français.*

5° Je meurs prématurément, assassiné par l'oligarchie anglaise et son sicaire ; le peuple anglais ne tardera pas à me venger.

6° Les deux issues si malheureuses des invasions de la France, lorsqu'elle avait encore tant de ressources sont dues aux trahisons du maréchal Marmont*, Auge-

---

* C'est le duc de Raguse, aujourd'hui maréchal de France, pair, major-général de la garde royale, etc. Napoléon lui avait servi de père, et malgré la capitulation de Paris, en 1814, qui fut *la cause immédiate de nos malheurs, le tombeau*

reau*, Talleyrand**, et de La Fayette***. Je leur pardonne ; puisse la postérité française leur pardonner comme moi !

7° Je remercie ma bonne et très-excel-

de notre puissance, le nuage de notre gloire, etc., le grand homme a conservé pour lui jusqu'au dernier soupir une affection qui honore son caractère. « La vanité, disait-il à Sainte-Hélène, avait perdu » Marmont ; la postérité flétrira sa vie ; pourtant » son cœur vaudra mieux que sa mémoire. »

* Napoléon a dit avec vérité : « Le vainqueur » de Castiglione aurait pu laisser un nom cher à » la France ; mais elle réprouvera la mémoire du » défectionnaire de Lyon.... » Augereau, maréchal d'empire, duc de Castiglione, était né à Paris le 11 novembre 1757 ; il est mort le 12 juin 1816.

** C'est le prince de Talleyrand, pair de France ; il était évêque d'Autun à la révolution. Napoléon fit sa fortune, et le nomma prince de Bénévent, vice-grand-électeur, etc. Il fut, dit-il, l'instrument principal et la cause active de la mort du duc d'Enghien. Talleyrand était le *Fouché des salons.*

*** Le général La Fayette, membre de la chambre des députés, est né en Auvergne en 1757. Napoléon a prétendu qu'il n'était point taillé pour le rôle élevé qu'il avait voulu jouer dans notre ré-

lente mère , le cardinal *, mes frères Joseph, Lucien, Jérôme, Pauline, Caroline, Julie , Hortense , Catarine , Eugène, de l'intérêt qu'ils m'ont conservé; je pardonne à Louis le libelle qu'il a publié en 1820 : il est plein d'assertions fausses et de pièces falsifiées.

8° Je désavoue le Manuscrit de Sainte-Hélène et autres ouvrages sous le titre de *Maximes*, *Sentences*, etc. , que l'on s'est plu à publier depuis six ans : ce ne sont pas là les règles qui ont dirigé ma vie. J'ai fait arrêter et juger le duc d'Enghien, parce que cela était nécessaire à la sûreté, à l'intérêt et à l'honneur du peuple français, lorsque.... entretenait, de son aveu, soixante assassins à Paris. Dans une semblable circonstance, j'agirais encore de même.

volution : « Son insurrection des chambres, au » retour de Waterloo, ajoutait le grand homme, » avait tout perdu. » C'est une vérité.

* Fesch , cardinal, oncle de Napoléon, né en 1736, est aujourd'hui à Rome.

. II.

1° Je lègue à mon fils les boîtes, ordres, et autres objets, tels qu'argenterie, lit de camp, armes, selles, éperons, vases de ma chapelle, livres, linge qui a servi à mon corps et à mon usage, conformément à l'état annexé coté (*A*). Je désire que ce faible legs lui soit cher, comme lui retraçant le souvenir d'un père dont l'univers l'entretiendra.

2° Je lègue à lady Holland le camée antique que le pape Pie VI m'a donné à Tolentino.

3° Je lègue au comte Montholon deux millions de francs, comme une preuve de ma satisfaction des soins filiaux qu'il m'a rendus depuis six ans, et pour l'indemniser des pertes que son séjour à Sainte-Hélène lui a occasionées.

4° Je lègue au comte Bertrand cinq cent mille francs.

5° Je lègue à Marchand, mon premier

valet de chambre, quatre cent mille francs. Les services qu'il m'a rendus sont ceux d'un ami. Je désire qu'il épouse une veuve, sœur ou fille d'un officier ou soldat de ma veille garde.

6° *Idem*, à Saint-Denis, cent mille francs.

7° *Idem*, à Novarre (Noverraz), cent mille francs.

8° *Idem*, à Piéron, cent mille francs.

9° *Idem*, à Archambaud, cinquante mille francs.

10° *Idem*, à Corsot, vingt-cinq mille francs.

11° *Idem*, à Chandellier, vingt-cinq mille francs.

12° A l'abbé Vignali, cent mille francs. Je désire qu'il bâtisse sa maison près de Ponte-Nuovo di Rostino.

13° *Idem*, au comte Las Cases, cent mille francs.

14° *Idem*, au comte Lavalette, cent mille francs.

15° *Idem*, au chirurgien en chef Larrey, cent mille francs. C'est l'homme le plus vertueux que j'aie connu.

16° *Idem*, au général Brayer, cent mille francs.

17° *Idem*, au général Lefèvre-Desnouettes, cent mille francs.

18° *Idem*, au général Drouot, cent mille francs.

19° *Idem*, au général Cambrone, cent mille francs.

20° *Idem*, aux enfans du général Mouton-Duvernet, cent mille francs.

21° *Idem*, aux enfans du brave Labédoyère, cent mille francs.

22° *Idem*, aux enfans du général Girard, tué à Ligni, cent mille francs.

23° *Idem*, aux enfans du général Chartrand, cent mille francs.

24° *Idem*, aux enfans du vertueux général Travot, cent mille francs.

25° *Idem*, au général Lallemant l'aîné, cent mille francs.

26° *Idem*, au comte Réal, cent mille francs.

27° *Idem*, à Costa de Bastelica, en Corse, cent mille francs.

28° *Idem*, au général Clausel, cent mille francs.

29° *Idem*, au baron de Menneval, cent mille francs.

30° *Idem*, à Arnault, auteur de *Marius*, cent mille francs.

31° *Idem*, au colonel Marbot, cent mille francs. Je l'engage à continuer à écrire pour la défense de la gloire des armées françaises, et à en confondre les calomniateurs et les apostats.

32° *Idem*, au baron Bignon, cent mille francs. Je l'engage à écrire l'histoire de la diplomatie française de 1792 à 1815.

33° *Idem*, à Poggi di Talavo, cent mille francs.

34° *Idem*, au chirurgien Emmery, cent mille francs.

35° Ces sommes seront prises sur les six

millions que j'ai placés en partant de Paris en 1815 et sur les intérêts à raison de cinq pour cent depuis juillet 1815. Les comptes en seront arrêtés avec le banquier par les comtes Montholon, Bertrand et Marchand.

36° Tout ce que ce placement produira au-delà de la somme de cinq millions six cent mille francs, dont il a été disposé ci-dessus, sera distribué en gratification aux blessés de Waterloo, et aux officiers et soldats du bataillon de l'île d'Elbe, sur un état arrêté par Montholon, Bertrand, Drouot, Cambrone, et le chirurgien Larrey.

37° Ces legs, en cas de mort, seront payés aux veuves et enfans, et, au défaut de ceux-ci, rentreront à la masse.

III.

1° Mon domaine privé étant ma propriété, dont aucune loi française ne m'a privé, que je sache, le compte en sera demandé au baron de la Bouillerie, qui en est le trésorier; il doit se monter à plus de deux cent millions de francs ; savoir : 1° le portefeuille contenant les économies que j'ai, pendant quatorze ans, faites sur ma liste civile, lesquelles se sont élevées à plus de douze millions par an, si j'ai bonne mémoire ; 2° le produit de ce portefeuille ; 3° les meubles de mes palais, tels qu'ils étaient en 1814, les palais de Rome, Florence, Turin y compris. Tous ces meubles ont été achetés des deniers des revenus de la liste civile ; 4° la liquidation de mes maisons du royaume d'Italie, tels qu'argent, argenterie, bijoux, meubles, écuries ; les comptes en seront donnés par le prince Eugène, et l'intendant de la couronne, Compagnoni.

NAPOLÉON.

Deuxième feuille.

2° Je lègue mon domaine privé, moitié aux officiers et soldats qui restent dans l'armée française, qui ont combattu depuis 1792 à 1815 pour la gloire et l'indépendance de la nation ; la répartition en sera faite au prorata des appointemens d'activité ; moitié aux villes et campagnes d'Alsace, de Lorraine, de Franche-Comté, de Bourgogne, de l'île de France, de Champagne, Forez, Dauphiné, qui auraient souffert par l'une ou l'autre invasion. Il sera de cette somme prélevé un million pour la ville de Brienne, et un million pour celle de Méri.

J'institue les comtes Montholon, Bertrand et Marchand, mes exécuteurs testamentaires. Ce présent testament, tout écrit de ma propre main, est signé et scellé de mes armes.

(*Sceau.*)   NAPOLÉON.

État (A) *joint à mon testament.*

I.

Longwood, île de Sainte-Hélène, ce 15 avril 1821.

1° Les vases sacrés qui ont servi à ma chapelle à Longwood.

2° Je charge l'abbé Vignali de les garder et de les remettre à mon fils quand il aura seize ans.

II.

1° Mes armes ; savoir : mon épée, celle que je portais à Austerlitz, le sabre de Sobieski, mon poignard, mou glaive, mon couteau de chasse, mes deux paires de pistolets de Versailles.

2° Mon nécessaire d'or, celui qui m'a servi le matin d'Ulm, d'Austerlitz, d'Iéna, d'Eylau, de Friedland, de l'île de Lobau, de la Moskowa et de Montmirail; sous ce point de vue, je désire qu'il soit précieux à mon fils. (Le comte Bertrand en est dépositaire depuis 1814.)

3° Je charge le comte Bertrand de soigner et conserver ces objets, et de les remettre à mon fils quand il aura seize ans.

III.

1° Trois petites caisses d'acajou, contenant, la première, trente-trois tabatières oubonbonnières; la deuxième, douze boîtes aux armes impériales, deux petites lunettes et quatre boîtes trouvées sur la table de Louis XVIII, aux Tuileries, le 20 mars 1815; la troisième, trois tabatières ornées de médailles d'argent, à l'usage de l'empereur, et divers effets de toilette, conformément aux états numérotés I, II, III.

2° Mes lits de camp, dont j'ai fait usage dans toutes mes campagnes.

3° Ma lunette de guerre.

4° Mon nécessaire de toilette, un de chacun de mes uniformes, une douzaine de chemises, et un objet complet de chacun de mes habillemens, et généralement de tout ce qui sert à ma toilette.

5° Mon lavabo.

6° Une petite pendule qui est dans ma chambre à coucher de Longwood.

7° Mes deux montres et la chaîne de cheveux de l'impératrice.

8° Je charge Marchand, mon premier valet de chambre, de garder ces objets, et de les remettre à mon fils lorsqu'il aura seize ans.

IV.

1° Mon médailler.

2° Mon argenterie et ma porcelaine de Sèvres, dont j'ai fait usage à Sainte-Hélène (état B et C.)

3° Je charge le comte Montholon de garder ces objets, et de les remettre à mon fils quand il aura seize ans.

V.

1° Mes trois selles et brides, mes éperons, qui m'ont servi à Sainte-Hélène.

2° Mes fusils de chasse, au nombre de cinq.

3° Je charge mon chasseur Noverraz de garder ces objets, et de les remettre à mon fils quand il aura seize ans.

VI.

1° Quatre cents volumes choisis dans ma bibliothèque, parmi ceux qui ont le plus servi à mon usage.

2° Je charge Saint-Denis de les garder, et de les remettre à mon fils quand il aura seize ans.

NAPOLÉON.

ÉTAT (*A*).

1° Il ne sera vendu aucun des effets qui m'ont servi ; le surplus sera partagé entre mes exécuteurs testamentaires et mes frères.

2° Marchand conservera mes cheveux et en fera faire un bracelet avec un petit cadenas en or, pour être envoyé à l'impératrice Marie-Louise, à ma mère et à chacun de mes frères, sœurs, neveux, nièces, au cardinal, et un plus considérable pour mon fils.

3° Marchand enverra une de mes paires de boucles à souliers, en or, au prince Joseph.

4° Une petite paire de boucles, en or, à jarretières, au prince Lucien.

5° Une boucle de col, en or, au prince Jérôme.

22

ÉTAT (*A*).

Inventaire de mes effets, que Marchand gardera pour remettre à mon fils.

1° Mon nécessaire d'argent, celui qui est sur ma table, garni de tous ses ustensiles, rasoirs, etc.

2° Mon réveil-matin; c'est le réveil-matin de Fréderic II, que j'ai pris à Postdam (dans la boîte n° III.)

3° Mes deux montres, avec la chaîne des cheveux de l'impératrice et une chaîne de mes cheveux pour l'autre montre. Marchand la fera faire à Paris.

4° Mes deux sceaux (un de France enfermé dans la boîte n° III).

5° La petite pendule dorée qui est actuellement dans ma chambre à coucher.

6° Mon lavabo, son pot à eau et son pied.

7° Mes tables de nuit, celles qui me servaient en France, et mon bidet de vermeil.

8° Mes deux lits de fer, mes matelas et mes couvertures, s'ils se peuvent conserver.

9° Mes trois flacons d'argent où l'on mettait mon eau-de-vie, que portaient mes chasseurs en campagne.

10° Ma lunette de France.

11° Mes éperons (deux paires).

12° Trois boîtes d'acajou, n^{os} I, II, III, renfermant mes tabatières et autres objets.

13° Une cassolette en vermeil.

Linge de toilette.

Six chemises.

Six mouchoirs.

Six cravates.

Six serviettes.

Six paires de bas de soie.

Quatre cols noirs.

Six paires de chaussettes.

Deux paires de draps de batiste.

Deux taies d'oreillers.

Deux robes de chambre.

Deux pantalons de nuit.

Une paire de bretelles.

Quatre culottes-vestes de casimir blanc.

Six madras.

Six gilets de flanelle.

Quatre caleçons.

Six paires de guêtres.

Une petite boîte pleine de mon tabac.

Une boucle de col en or.

Une paire de boucles à jarretières en or,

Une paire de boucles en or, à souliers.

Renfermées dans la petite boîte n° III.

Habillement.

Un uniforme chasseur.

Un *dito* grenadier.

Un *dito* garde nationale.

Deux chapeaux.

Une capote grise et verte.

Un manteau bleu (celui que j'avais à Marengo.)

Une zibeline, pelisse verte.

Deux paires de souliers.

Deux paires de bottes.

Une paire de pantoufles.

Six ceinturons.

NAPOLÉON.

ÉTAT (*B*).

Inventaire des effets que j'ai laissés chez
M. le comte de Turenne.

Un sabre de Sobieski. (C'est par erreur qu'il est porté sur l'état *A*; c'est le sabre que l'empereur portait à Aboukir, qui est entre les mains de M. le comte Bertrand.)

Un grand collier de la légion-d'honneur.

Une épée en vermeil.

Un glaive de consul.

Une épée en fer.

Un ceinturon de velours.

Un collier de la toison d'or.

Un petit nécessaire en acier.

Une veilleuse en argent.

Une poignée de sabre antique.

22*

Un chapeau à la Henri IV et une toque; les dentelles de l'empereur.

Un petit médailler.

Deux tapis turcs.

Deux manteaux de velours cramoisi brodés, avec vestes et culottes.

1° Je donne à mon fils le sabre de Sobieski.

Idem, le collier de la légion-d'honneur.

Idem, l'épée en vermeil.

Idem, le glaive de consul.

Idem, l'épée en fer.

Idem, le collier de la toison d'or.

Idem, le chapeau à la Henri IV et la toque.

Idem, le nécessaire d'or pour les dents, resté chez le dentiste.

2° A l'impératrice Marie-Louise, mes dentelles.

A Madame, la veilleuse en argent.

Au cardinal, le petit nécessaire en acier.

Au prince Eugène, le bougeoir en vermeil.

A la princesse Pauline, le petit médailler.

A la reine de Naples, un petit tapis turc.

A la reine Hortense, un petit tapis turc.

Au prince Jérôme, la poignée de sabre antique.

Au prince Joseph, un manteau brodé, veste et culotte.

Au prince Lucien, un manteau brodé, veste et culotte.

NAPOLÉON.

Ce 24 avril 1821, Longwood.

Ceci est mon codicille, ou acte de ma dernière volonté.

Sur les fonds remis en or à l'impératrice Marie-Louise, ma très-chère et bien-aimée épouse, à Orléans, en 1814, elle reste me devoir deux millions, dont je dispose par le présent codicille, afin de récompenser mes plus fidèles serviteurs, que je recommande du reste à la protection de ma chère Marie-Louise.

1° Je recommande à l'impératrice de faire restituer au comte Bertrand les trente mille francs de rente qu'il possède dans le duché de Parme et sur le Mont-Napoléon de Milan, ainsi que les arrérages échus.

2° Je lui fais la même recommandation pour le duc d'Istrie, la fille de Duroc, et autres de mes serviteurs qui me sont restés fidèles et qui me sont toujours chers; elle les connaît.

3° Je lègue, sur les deux millions ci-dessus mentionnés, trois cent mille francs au comte Bertrand, sur lesquels il versera cent mille francs dans la caisse du trésorier pour être employés selon mes dispositions, à des legs de conscience.

4° Je lègue deux cent mille francs au comte Montholon, sur lesquels il versera cent mille francs dans la caisse du trésorier, pour le même usage que ci-dessus.

5° *Idem*, deux cent mille francs au comte Las Cases, sur lesquels il versera

cent mille francs dans la caisse du trésorier, pour le même usage que ci-dessus.

6° *Idem*, à Marchand, cent mille francs,
sur lesquels il versera cinquante mille
francs dans la caisse, pour le même usage
que ci-dessus.

7° Au maire d'Ajaccio, au commencement de la révolution, Jean-Jérôme Levi,
ou à sa veuve, enfans et petits-enfans, cent
mille francs.

8° A la fille de Duroc, cent mille francs.

9° Au fils de Bessière, duc d'Istrie, cent
mille francs.

10° Au général Drouot, cent mille
francs.

11° Au comte Lavallette, cent mille fr.

12° *Idem*, cent mille francs; savoir :

Vingt-cinq mille francs à Piéron, mon
maître d'hôtel.

Vingt-cinq mille francs à Noverraz, mon
chasseur.

Vingt-cinq mille francs à Saint-Denis,
le garde de mes livres.

Vingt-cinq mille francs à Santini, mon ancien huissier.

13° *Idem*, cent mille francs; savoir :

Quarante mille francs à Planat, mon officier d'ordonnance.

Vingt mille francs à Hébert, dernièrement concierge à Rambouillet, et qui était de ma chambre en Egypte.

Vingt mille francs à Lavigné, qui était dernièrement concierge d'une de mes écuries, et qui était mon piqueur en Egypte.

Vingt mille francs à Jeannet-Dervieux, qui était piqueur des écuries, et me servait en Egypte.

14° Deux cent mille francs seront distribués en aumône aux habitans de Brienne-le-Château qui ont le plus souffert.

15° Les trois cent mille francs restant seront distribués aux officiers et soldats du bataillon de ma garde de l'île d'Elbe, actuellement vivans, ou à leurs veuves et leurs enfans, au prorata des appointemens, et selon l'état qui sera arrêté par mes exécuteurs testamentaires ; les amputés ou blessés grièvement auront le double. L'état en sera arrêté par Larrey et Emery.

Ce codicille est écrit tout de ma propre main, signé et scellé de mes armes.

NAPOLÉON.

Ce 24 avril 1821, Longwood.

Ceci est mon codicille, ou acte de ma dernière volonté.

Sur la liquidation de ma liste civile d'Italie, telle qu'argent, bijoux, argenterie, linge, meubles, écurie, dont le vice-roi est dépositaire, et qui m'appartiennent, je dispose de deux millions que je lègue à mes plus fidèles serviteurs. J'espère que, sans s'autoriser d'aucune raison, mon fils Eugène Napoléon les acquittera fidèlement; il ne peut oublier les quarante millions de francs que je lui ai donnés, soit en Italie, soit par le partage de la succession de sa mère.

1°. Sur ces deux millions, je lègue au comte Bertrand trois cent mille francs, dont il versera cent mille francs dans la caisse du trésorier, pour être employés, selon mes dispositions, à l'acquit de legs de conscience.

2° Au comte Montholon, deux cent mille francs, dont il versera cent mille francs à la caisse, pour le même usage que ci-dessus.

3° Au comte Las Cases, deux cent mille francs, dont il versera cent mille francs dans la caisse, pour le même usage que ci-dessus.

4°. A Marchand, cent mille francs, dont il versera cinquante mille francs à la caisse, pour le même usage que ci-dessus.

5° Au comte Lavallette, cent mille fr.

6° Au général Hogendorf, hollandais, mon aide-de-camp réfugié au Brésil, cent mille francs.

7° A mon aide-de-camp Corbineau, cinquante mille francs.

8° A mon aide-de-camp Caffarelli, cinquante mille francs.

9° A mon aide-de-camp Dejean, cinquante mille francs.

10° A Percy, chirurgien en chef à Waterloo, cinquante mille francs.

11° Cinquante mille francs, savoir :

Dix mille francs à Piéron, mon maître-d'hôtel.

Dix mille francs à Saint-Denis, mon premier chasseur.

Dix mille francs à Noverraz.

Dix mille francs à Cursot, mon maître d'office.

Dix mille francs à Archambaud, mon piqueur.

12° Au baron Menneval, cinquante mille francs.

13° Au duc d'Istrie, fils de Bessières, cinquante mille francs.

14° A la fille de Duroc, cinquante mille francs.

15° Aux enfans de Labédoyère, cinquante mille francs.

16.º Aux enfans de Mouton-Duvernet, cinquante mille francs.

17.º Aux enfans du brave et vertueux général Travot, cinquante mille francs.

18.º Aux enfans de Chartrand, cinquante mille francs.

19.º Au général Cambrone, cinquante mille francs.

20.º Au général Lefèvre-Desnouettes, cinquante mille francs.

21.º Pour être répartis entre les proscrits qui errent en pays étrangers, Français, ou Italiens, ou Belges, ou Hollandais, ou Espagnols, ou des départemens du Rhin, sur ordonnances de mes exécuteurs testamentaires, cent mille francs.

22.º Pour être répartis entre les amputés ou blessés grièvement de Ligni, Waterloo, encore vivans, sur des états dressés par mes exécuteurs testamentaires, auxquels seront adjoints Cambrone, Larrey, Percy et Emery, il sera donné double à la garde, quadruple à ceux de l'île d'Elbe, deux cent mille francs.

Ce codicille est écrit entièrement de ma propre main, signé et scellé de mes armes.

NAPOLÉON.

Ce 24 avril 1821, à Longwood.

Ceci est un troisième codicille à mon testament du 15 avril.

1° Parmi les diamans de la couronne qui furent remis en 1814, il s'en trouvait pour cinq à six cent mille francs qui n'en étaient pas et faisaient partie de mon avoir particulier ; on les fera rentrer pour acquitter mes legs.

2° J'avais chez le banquier Torlonia de Rome, deux à trois cent mille francs en lettres de change, produits de mes revénus de l'île d'Elbe, depuis 1815 ; le sieur de la Perruse, quoiqu'il ne fût plus mon trésorier, et n'eût pas de caractère, a tiré à lui cette somme, on la lui fera restituer.

3° Je lègue au duc d'Istrie trois cent mille francs, dont seulement cent mille francs reversibles à la veuve, si le duc était mort lors de l'exécution du legs. Je désire, si cela n'a aucun inconvénient, que le duc épouse la fille de Duroc.

4° Je lègue à la duchesse de Frioul, fille de Duroc, deux cent mille francs ; si elle était morte avant l'exécution du legs, il ne sera rien donné à la mère.

5° Je lègue au général Rigaud, celui qui a été proscrit, cent mille francs.

6° Je lègue à Boisnod, commissaire ordonnateur, cent mille francs.

7° Je lègue aux enfans du général Letort, tué dans la campagne de 1815, cent mille francs.

8° Ces huit cent mille francs de legs seront comme s'ils étaient portés à la suite de l'article 36 de mon testament, ce qui porterait à six millions quatre cent mille francs la somme des legs dont je dispose par mon testament, sans comprendre les donations faites par mon premier codicille.

Ceci est écrit de ma propre main, signé et scellé de mes armes.

(Sceau.)　　　　　　　Napoléon.

Au dos.

Ceci est mon troisième codicille à mon testament tout entier écrit de ma main, signé et scellé de mes armes.

Sera ouvert le même jour, et immédiatement après l'ouverture de mon testament.　　　　Napoléon.

Ce 24 avril 1821, Longwood.

Ceci est un quatrième codicille à mon testament.

Par les dispositions que nous avons faites précédemment, nous n'avons pas rempli toutes nos obligations, ce qui nous a décidé à faire ce quatrième codicille.

1º Nous léguons au fils ou petit-fils du baron Dutheil, lieutenant-général d'artillerie, ancien seigneur de Saint-André, qui a commandé l'école d'Auxonne avant la révolution, la somme de 100,000 (cent mille francs), comme souvenir de reconnaissance pour les soins que ce brave général a pris de nous lorsque nous étions comme lieutenant et capitaine sous ses ordres.

2° *Idem*, au fils ou petit-fils du général Dugommier, qui a commandé en chef l'armée de Toulon, la somme de cent mille francs (100,000); nous avons, sous ses ordres, dirigé ce siége, et commandé l'artillerie; c'est un témoignage de souvenir pour les marques d'estime, d'affection et d'amitié que nous a données ce brave et intrépide général.

3° *Idem*. Nous léguons cent mille francs (100,000) aux fils, ou petit-fils du député à la Convention, Gasparin, représentant du peuple à l'armée de Toulon, pour avoir protégé et sanctionné de son autorité, le plan que nous avons donné, qui a valu la prise de cette ville ; et qui était contraire à celui envoyé par le comité de salut public. Gasparin nous a mis par sa protection à l'abri des persécutions de l'ignorance des états-majors qui commandaient l'armée avant l'arrivée de mon ami Dugommier.

4° *Idem*. Nous léguons cent mille francs (100,000) à la veuve, fils ou petit-fils de notre aide-de-camp Muiron, tué à nos côtés à Arcole, nous couvrant de son corps.

5° *Idem*, (10,000) dix mille francs au sous-officier Cantillon, qui a essuyé un procès comme prévenu d'avoir voulu assassiner lord Wellington, ce dont il a été déclaré innocent. Cantillon avait autant de droit d'assassiner cet oligarque, que celui-ci de m'envoyer pour périr sur le rocher de Sainte-Hélène. Wellington, qui a proposé cet attentat, cherchait à le justifier sur l'intérêt de la Grande-Bretagne ; Cantillon, si vraiment il eût assassiné le lord, se serait couvert et aurait été justifié par les mêmes motifs, l'intérêt de la France, de se défaire d'un général qui d'ailleurs avait violé la capitulation de Paris, et par-là s'était rendu responsable du sang des martyrs Ney, Labédoyère, etc., et du crime d'avoir dépouillé les musées, contre le texte des traités.

6° Ces 400,000 francs (quatre cent mille francs) seront ajoutés aux six millions quatre cent mille francs dont nous avons disposé, et porteront nos legs à six millions huit cent dix mille francs ; ces quatre cent mille francs doivent être considérés comme faisant partie de notre testament, article 35, et suivre en tout le même sort que les autres.

7° Les neuf mille livres sterlings que nous avons données au comte et à la comtesse Montholon, doivent, si elles ont été soldées, être déduites et portées en compte sur les legs que nous lui faisons par nos testamens ; si elles n'ont pas été acquittées, nos billets seront annulés.

8° Moyennant le legs fait par notre testament au comte Montholon, la pension de vingt mille francs accordée à sa femme est annulée ; le comte Montholon est chargé de la lui payer.

9° L'administration d'une pareille succession, jusqu'à son entière liquidation, exigeant des frais de bureaux, de courses, de missions, de consultations, de plaidoirie, nous entendons que nos exécuteurs testamentaires retiendront trois pour cent sur tous les legs, soit sur les six millions huit cent mille francs, soit sur les sommes portées sur les codicilles, soit sur les deux cent millions de francs du domaine privé.

10° Les sommes provenant de ces retenues seront déposées dans les mains d'un trésorier, et dépensées sur mandat de nos exécuteurs testamentaires.

11° Si les sommes provenant desdites retenues n'étaient pas suffisantes pour pourvoir aux frais, il y sera pourvu aux dépens des trois exécuteurs testamentaires et du trésorier, chacun dans la proportion du legs que nous leur avons fait par notre testament et codicille.

12° Si les sommes provenant des susdites retenues sont au-dessus des besoins, le restant sera partagé entre nos trois exécuteurs testamentaires et le trésorier, dans le rapport de leurs legs respectifs.

15° Nous nommons le comte de Las Cases, et à son défaut, son fils, et, à son défaut le général Drouot, trésorier.

Ce présent codicille est entièrement écrit de notre main, signé et scellé de nos armes.   NAPOLÉON.

DÉCLARATION

Faite le 20 avril 1816. *.

L'empereur Napoléon m'envoya de Rochefort le 14 juillet 1815, porter sa lettre à S. A. R. le prince-régent : en conséquence, je me rendis à bord du vaisseau anglais *le Bellérophon*, où je précédai Sa Majesté de 24 heures. Je remis au capitaine, M. Maitland, une copie de la lettre dont j'étais porteur, et je reçus de lui l'assurance qu'il avait ordre de recevoir à son bord l'empereur, s'il y voulait venir, et de le conduire en Angleterre. Cet officier *m'assura en outre que toutes les facilités me seraient données pour pouvoir remplir ma mission.* Je priai alors M. le comte de Las Cases, qui était venu avec moi, d'en rendre compte à S. M. ; et l'on me fit partir immédiatement pour l'Angleterre

* Voyez page 37.

sur la corvette *le Slaney*. Arrivé à Plymouth le 22, on refusa de me débarquer;
et l'amiral Keith, quoique connaissant par
le rapport du capitaine Maitland la nature
et l'objet de ma mission, m'envoya à Tor-
bay, où toute communication avec la terre
me fut interdite. Enfin je fus remis à bord
du *Bellérophon* aussitôt son arrivée. Je té-
moignai alors à S. M. tout mon chagrin
de n'avoir pu remplir ma mission, et d'a-
voir peut-être contribué à la maintenir
dans l'opinion qu'elle serait bien reçue en
Angleterre. Ma seule consolation fut de
partager son infortune : et quelque affreuses que dussent être les destinées qu'on
préparait à l'empereur, lorsque, violant
toutes les lois des nations et celles de l'hospitalité, l'on fixa Sainte-Hélène pour son
séjour, je n'hésitai pas à solliciter l'honneur de l'y suivre.

Depuis six mois que je suis sur ce rocher, j'ai éprouvé la fatale influence de
son climat; une terrible maladie, la dys-

senterie, dont je suis encore à peine con-
valescent, m'a conduit aux portes du tombeau. Isolé de toute ma famille, n'ayant
eu pour me soigner que des étrangers dont
je n'entendais pas le langage; car à mon
arrivée dans l'île, sous prétexte de quelque
légère irrégularité, on m'avait ôté et on
avait renvoyé en Europe un vieux serviteur que son attachement avait porté à
me suivre; j'ai donc, mieux que personne,
appris à connaître toute l'horreur de ce
séjour. Néanmoins, puisque l'on exige aujourd'hui que je renonce à rester auprès
de l'empereur Napoléon, à qui je puis offrir quelques consolations, si je ne déclare
me soumettre aux restrictions qui lui sont
imposées, je fais cette soumission, que me
prescrivent mon attachement, mon devoir
et mon honneur.

Le baron GOURGAUD,

Général d'artillerie, aide-de-camp

de l'Empereur.

Longwood, le 21 juillet 1818.

24

ANECDOTES.

—

I.

Si l'on veut connaître de quelle manière le secret des lettres était observé à Sainte-Hélène, qu'on lise la lettre suivante : elle a été envoyée à l'autorité par un ami de M. O'Méara.

« Il m'est impossible, Monsieur, de ne pas comprendre ce qu'on entend par correspondance clandestine ; comme c'est la première fois que lord Bathurst me fournit l'occasion d'expliquer comment ce que vous appelez correspondance clandestine a existé, je saisis cette occasion de prouver à lord Bathurst qu'il était impossible de faire autrement, après qu'on eut illégalement ouvert une de mes lettres, adressée au docteur O'Méara.

» Le 8 août 1817 j'écrivis à lord Bathurst

pour lui faire savoir qu'ayant adressé plusieurs lettres au docteur O'Méara, je n'a-
vais pu obtenir aucune réponse, et qu'ayant
reçu de ses nouvelles quelque temps après,
sans qu'il me dît un seul mot des affaires
dont je lui parlais dans les lettres en question, j'avais naturellement conclu qu'elles
n'étaient pas parvenues à leur destination.
Je pris en conséquence la liberté de prier
sa seigneurie d'avoir la bonté de vouloir
bien se charger de faire partir celles que
j'écrirais à l'avenir au docteur O'Méara;
je demandai en même temps si je devais
envoyer les lettres décachetées.

» Vous eûtes la complaisance de répondre
à cette lettre le 11 du même mois, et
vous me dîtes que lord Bathurst ne pouvait concevoir pourquoi M. O'Méara ne
recevait pas mes lettres, et que je pouvais
compter que toutes les fois que j'aurais
occasion d'écrire, il se chargerait de les
faire parvenir, si elles lui étaient adressées sous enveloppe. Vous terminiez votre

lettre en me disant que je pouvais les envoyer cachetées.

» D'après l'assurance que me donnait
lord Bathurst, sur l'inviolabilité de ma
correspondance, j'écrivis le 4 août 1817
à O'Méara, avec confiance, sur des matières qui n'avaient rapport qu'à des affaires particulières, et j'envoyai ma lettre
à lord Bathurst le même jour, avec prière
de la faire partir.

» Jugez de ma surprise, Monsieur,
ainsi que de mon indignation, lorsque,
recevant une lettre du docteur, du 27 février 1818, j'appris que celle que je lui
avais écrite le 14 août 1817, lui était
parvenue de la maison de Plantation, dé-
cachetée, avec une note du colonel Wynyard, portant qu'elle était arrivée d'Angleterre en cet état.

» Je suis incapable de faire à lord Bathurst, ou à qui que ce soit de son dé-
partement, l'injustice de croire, qu'après
que vous m'aviez dit que je pouvais en-

voyer mes lettres cachetées, celle en question eût été ouverte en Europe. Non, Monsieur, je pense qu'une action aussi illégale et aussi indigne d'un gentleman, ne peut avoir été commise que par un homme dont *la conduite bien connue justifie toute espèce de soupçon.*

» J'en appelle à lord Bathurst et à vous, Monsieur, pour savoir si une pareille conduite ne justifie pas les efforts que j'ai faits, afin que mes lettres parvinssent, par une voie sûre, au docteur O'Méara. L'acte du parlement qui ordonne la détention de Napoléon Bonaparte, ne défend pas une pareille correspondance, et les réglemens établis à Sainte-Hélène m'étaient inconnus. Mais, après tout, quel mal en est-il résulté, ou quel est celui qui peut arriver de la correspondance que j'ai entretenue? En quoi ai-je si grossièrement erré, que lord Bathurst puisse se permettre de penser que je ne suis pas propre à m'acquitter des commissions qui sont confiées à mes soins. Nul doute que sa seigneurie n'ait été trompée par de faux rapports, sans quoi elle ne m'aurait pas condamné sans m'entendre ; et c'est dans cette pensée que je profite de l'occasion qui m'est offerte, pour donner à lord Bathurst une explication de ma conduite.

» Il est presque impossible que milord ignore que, depuis un temps considérable, le comte Bertrand a été obligé de dépenser quatre à cinq cents livres sterling par mois, en partie pour se procurer les objets de première nécessité, dont sir Hudson Lowe était si avare, et en partie pour fournir aux différentes familles renfermées à Longwood de quoi subvenir à leurs besoins, et les faire vivre dans une sorte d'aisance. L'argent provenant de la vente de la vaisselle de Napoléon, quatre mille livres sterling prêtées par le comte Las Cases, et neuf ou dix mille, seuls fonds qui fussent à la disposition du comte Ber-

trand , et placés entre les mains de Messieurs Baring frères et compagnie, se trou-
vant épuisés, le comte Bertrand tira des
lettres de change sur de respectables ban-
quiers de Londres, ces lettres furent protestées. Les Français ne pouvant toucher
l'argent qui leur appartenait, ils s'adres-
sèrent à moi en ma qualité d'agent, pour
tâcher de m'assurer de l'existence des
fonds sur lesquels on comptait ; ou, si la
chose était impossible, de découvrir si
quelques-uns de leurs parens pouvaient
leur offrir des secours pécuniaires, jusqu'à
la concurrence de cinq cents livres sterling par mois, somme qu'on croyait suf-
fisante, avec ce que le gouvernement
anglais allouait, pour faire subsister les
familles françaises à Longwood. Afin que
les lettres de change du comte Bertrand
ne fussent plus protestées, je fus invité de
les accepter jusqu'à concurrence de dix-
huit cent livres sterling ; elles ne devaient
être que de deux cents livres sterling par

mois : on me pria aussi d'envoyer de temps en temps des livres, des pamphlets et des journaux. Pour ma garantie, on me fit des communications qui me procurèrent la certitude qu'un fonds de trois mille livres sterling serait déposé entre mes mains ; je devais aussi leur donner des informations sur l'état des fonds publics. Ces communications n'avaient rapport qu'à des affaires particulières et n'avaient aucune connexité avec la politique. Je me chargeai avec plaisir d'une commission qui me donnait l'espoir d'alléger les souffrances de mes semblables. J'écrivis sur-le-champ ces lettres auxquelles on a attaché tant d'importance, et je consentis qu'on tirât sur moi, jusqu'à la concurrence de dix-huit cents livres sterling. Tel est, Monsieur, le sujet de ma correspondance ; et si j'ai commis un crime, je le regarde comme si honorable, que loin de m'en repentir, si j'étais placé dans une semblable situation, je n'hésiterais pas un seul instant à le commettre de nouveau.

» Si lord Bathurst eût eu la bonté de m'accorder un moment d'audience, après avoir reçu ma lettre du 14 novembre dernier, j'aurais convaincu sa seigneurie que mon seul but était celui de procurer aux Français les choses qu'ils ne pouvaient pas trouver à Sainte-Hélène, soit faute de fonds suffisans, soit à cause de l'éloignement où cette île se trouve, soit par la mauvaise volonté de sir Hudson Lowe.

» Je sais que le comte Las Cases s'est plaint bien des fois de ce qu'on n'envoyait point de livres ni de pamphlets à Napoléon ; et qu'il est affligé d'apprendre, par le comte Bertrand, que depuis deux ans on n'a reçu à Longwood que vingt-sept volumes d'ouvrages nouveaux, quinze livraisons des Lettres Normandes et Champenoises, dont plusieurs avaient été publiées sous le gouvernement de Napoléon. Je sais aussi que les livres, les brochures et journaux, que vous déclariez dans votre lettre du 1er avril 1818 devoir être envoyés à Napoléon, n'étaient pas encore arrivés à Longwood à la mi-août, et qu'il ne reçoit jamais aucun journal français ; quoique cette même lettre annonçât que le journal du commerce et autres papiers français, lui seraient régulièrement transmis. De plus, comme votre lettre du 28 février informait le comte Bertrand que de temps en temps vous vous adresseriez à' lui pour le paiement des livres, brochures, etc., que vous deviez lui adresser à Sainte-Hélène ; n'en recevant aucun, il n'est pas extraordinaire qu'il ait employé un agent pour acheter des livres et les lui envoyer. M'ayant choisi pour cela, il me semble que mon intervention n'a pas été inutile ni *inconvenante* *.

» J'enverrai bien volontiers, pour être examiné par qui de droit, les livres dont je parle dans mes lettres précédentes : lord Bathurst peut les transmettre par qui

* M. Goulburn, dans ses lettres, assure que c'est l'épithète dont s'est servi lord Bathurst.

il voudra, j'engage ma parole d'honneur qu'ils ne contiennent aucune lettre, aucun papier, ni aucune information clandestine quelconque, et je suis prêt à fournir telle caution qu'il plaira à sa seigneurerie de fixer, pour garantir de ma véracité.

» Si lord Bathurst veut nommer un libraire, je lui donnerai, à l'avenir, des ordres pour les livres qui doivent être envoyés, et ils le seront par la voie qu'indiquera sa seigneurie ; je n'aurai dans cette affaire d'autre soin que celui de les payer. »

II.

Les Français qui, sous le gouvernement de sir George Cockburn, pouvaient envoyer des lettres en Europe et en recevoir, n'eurent plus la même facilité, lorsqu'il fut remplacé par sir Hudson Lowe. Le comte Las Cases confia à un habitant de Sainte-Hélène une lettre pour une dame de ses amies (probablement Lady Clavering), à laquelle il confiait la sévérité des restrictions que le nouveau gouverneur leur avait imposées. L'habitant, craignant sans doute de se compromettre (voyez la proclamation), au lieu de porter la lettre à son adresse, la remit au gouverneur. Celui-ci furieux, fit arrêter le comte, le tint au secret, s'empara de ses papiers, et l'envoya au cap de Bonne-Espérance, d'où il partit pour l'Angleterre, où l'on ne lui permit pas de débarquer.

III.

En juin 1818, plusieurs caisses de vin arrivent à Sainte-Hélène (c'était un présent offert par la princesse Borghèse à son frère). Le gouverneur, après un délai de plus de trois semaines, *eut la bonté* d'en envoyer une partie à Longwood, et fit mettre l'autre dans les magasins du gouvernement. Ce fait authentique fera connaître la *générosité* tant vantée de M. le gouverneur, qui, tout en allouant un surcroît de vin de France aux exilés, ne leur donnait qu'une petite partie de ce qui leur appartenait.

IV.

En juillet 1816, M. Hobhouse envoya à sir Hudson Lowe son ouvrage sur la révolution du 20 mars, avec prière de l'offrir à Napoléon. On ne le fit pas, on n'en eut même connaissance à Longwood que par l'inadvertance d'un officier d'un rang élevé, qui avait vu, par hasard cet ouvrage à la maison de la Plantation. Voyant enfin qu'il ne pouvait plus n'en pas parler, le gouverneur dit « qu'il l'avait gardé parce qu'il ne lui était pas parvenu des bureaux du secrétaire d'état, et parce que la *conduite politique de lord Castle-reagh y était censurée*. Sir Hudson Lowe observa en outre, qu'il ne voulait pas que le général Bonaparte eût connaissance que l'impression et la vente de pareils livres fussent permises en Angleterre, et encore moins lui permettre la lecture d'un livre qui *parlait mal de lord Castlereagh.*

La découverte faite, sans malice, par le brave officier ***, fut accidentelle, il ne croyait pas que le gouverneur eût voulu priver Napoléon d'un livre dans lequel sa gloire militaire recevait des éloges ; voilà pourquoi il en parla à Longwood. Cette inadvertance fut considérée par sir Hudson Lowe comme un crime énorme ; en conséquence il en fit son rapport de la manière la plus désavantageuse, comme on l'a su par la réponse faite à des passagers qui se rendaient en Europe, qui avaient demandé des nouvelles de cet officier à sir Hudson Lowe et à sir Thomas Reade : « Oh ! le » colonel, c'en est fait de lui ! vous pourrez » le trouver en Angleterre ; mais de par » Dieu, vous ne trouverez pas son nom » sur la liste de l'armée. » Heureusement pour lui cependant, l'illustre commandant en chef actuel ne se laisse pas influencer par de telles gens, et le brave officier se

trouve toujours sur la liste d'une armée
dont il est un des ornemens, comme les
blessures qu'il a reçues au service de son
pays le prouvent. Un rapport de la même
espèce fut envoyé contre un officier d'artillerie, parce qu'il avait écouté la lecture
de l'extrait de la lettre du comte de Montholon, du 23 août 1819, et n'eut pas plus
de succès.

V.

La résidence de Napoléon dans l'île a
causé un dommage incalculable à la compagnie des Indes, et à la majeure partie
des habitans ; il en coûte en outre annuellement à l'Angleterre cinq cent mille livres sterling (12,000,000 de francs) pour
défrayer les dépenses occasionées par la
garnison, un état-major nombreux, un
vaisseau de 74, une escadre, le prix énorme
des transports, les dommages éprouvés
par la mer, et la maison de Napoléon,
sans compter les places qu'on a créées, et

les sinécures dont jouissent des favoris,
entre autres celles accordées à sir Thomas
Reade, qui fait fonctions d'adjudant général et d'inspecteur de police aux appointemens de 43,000 francs; au lieutenant-colonel Lyster, de 24,000 francs; à M. Baxter
et au lieutenant-colonel Vynyard, de la
même somme à chacun, etc., etc.

VI.

Des personnes que le grand nom de Napoléon importune ont fait retentir les journaux ministériels de l'indifférence totale
que semblent avoir les habitans de Sainte-
Hélène, quant aux *mouvemens* et à la conduite de Bonaparte. Supposé que cette
indifférence fût vraie, elle peut aisément
s'expliquer; car depuis l'arrivée de sir
Hudson Lowe, Napoléon n'est sorti de
Longwood qu'une fois, vers le 4 mai 1816.
La chose étant ainsi, quelle portion des
habitans pouvait faire des observations
sur ses *mouvemens?* La déclaration sui-

vante de sir Thomas Reade indique suffisamment la raison pour laquelle son nom
n'est pas prononcé : elle porte, « que per-
» sonne ne doit faire mention du *nom de*
» Bonaparte, ou en faire le sujet de la con-
» versation, encore moins s'occuper des
» restrictions qu'il a plu ou qu'il plairait
» à son excellence de lui imposer, parce
» que lui (*Bonaparte*) avait été mis hors
» de la loi par le congrès, et que personne
» ne devait parler aux gens de sa suite, vu
» qu'ils avaient consenti volontairement à
» se soumettre aux mêmes restrictions que
» celles qui lui étaient imposées. » L'effet
d'une pareille proclamation, publiée par
ordre du gouverneur, qui jouit d'un pouvoir qu'on peut dire illimité, est facile à
concevoir, même par ceux qui n'ont su de
quelle manière *ce pouvoir* a été employé,
que par les papiers publics et les pièces
officielles.

VII.

Un écrivain anonyme dit dans un pamphlet « que les commissaires nommés par » les alliés pour résider à Sainte-Hélène, » sont, par le caprice et l'opiniâtreté de » Napoléon, éloignés de la société de la seule personne qui soit cause de leur » résidence dans l'île. » En hasardant cette assertion, pourquoi l'auteur cache-t-il que Napoléon a offert à différentes fois de recevoir les commissaires comme simples particuliers, et de la même manière qu'il en a reçu tant d'autres qui ont demandé à le voir ? mais qu'il a déclaré qu'il ne voudrait pas même voir son fils en présence de sir Hudson Lowe. Quel est l'homme qui, aussi stupide que l'anonyme, serait surpris qu'un monarque détrôné ne voulût pas reconnaître officiellement des gens qui sont venus augmenter le nombre de ses gardiens ? D'un autre côté, je suis parfaitement de son avis, lorsqu'il dit que « leur présence est très-peu importante ; » mais je regrette infiniment qu'elle ait lieu, parce que, témoins des vexations sans nombre qu'on inflige aux prisonniers français, sans compter le système qui pèse sur l'île entière, notre caractère national ne peut manquer d'en souffrir en Europe ; car on ne peut croire que les commissaires gardent le silence sur ce qui se passe journellement sous leurs yeux, sans en rendre compte à leur cour. En examinant ce sujet sous un pareil point de vue, le plus tôt qu'on les en retirera sera le mieux.

On a encore dit dans le même libelle que l'influence qu'exerce le comte Bertrand sur Napoléon est la cause de l'antipathie que ce dernier montre pour la société : c'est la plus grande des nombreuses absurdités qu'on puisse reprocher à l'auteur. Si le plus haut degré de consistance politique, d'une fidélité à toute épreuve, et presque inouie de nos jours, donne au comte Bertrand des droits à la haine invé-

térée des geôliers de Napoléon, personne
à la vérité ne la mérite mieux que lui. Je
n'ai donc pas été étonné des injures qu'on
a prodiguées au comte Bertrand.

VIII.

En février 1818, sir Hudson Lowe fit
enlever des magasins de M. Barber, capitaine d'un transport, deux portraits du
jeune Napoléon, qu'il avait apportés pour
les vendre à son père : « prétendant basse-
» ment qu'il ne les prenait que pour les en-
» voyer lui-même à Bonaparte ; c'était en
» réalité priver un *père* du plaisir de com-
templer les traits d'un fils *bien-aimé ; car
ces portraits ne sont jamais parvenus à
Longwood.*

IX.

En parlant des manuscrits saisis parmi
les papiers du comte de Las Cases, on a
dit, dans un ouvrage intitulé : *Faits dé-
monstratifs des traitemens qu'a éprouvés*

Bonaparte, que « ce prince les ayant ré-
» clamés, ils lui furent envoyés sur-le-
» champ ; qu'aussitôt qu'il les eut reçus, il
» les jeta au feu sans les ouvrir, et qu'il se
» mit à les écrire de nouveau, avec vi-
» gueur et activité. » D'après la manière
froide et positive de l'exposition d'un tel
fait, quel est le lecteur, même doué d'une
grande dose d'incrédulité, qui osât révo-
quer en doute une assertion avancée avec
tant d'apparence de véracité ? Quoique le
fait en lui-même ne soit d'aucune importance, que l'action de jeter des papiers au
feu se fût passée en présence de ses seuls
domestiques, et que par conséquent elle
fût inconnue du public, nous prions néanmoins le lecteur de comparer l'exposé des
faits suivans, avec l'assertion de l'auteur
des Faits.

Sir Hudson Lowe garda chez lui, pendant *dix-sept jours*, les manuscrits en
question, quoiqu'ils lui eussent été deman-
dés plusieurs fois par le comte Bertrand et

par moi-même. Lorsque Napoléon les eut
entre les mains, il dit : « Comme je n'ai
» aucune garantie qu'il ne prendra pas en-
» vie à sir Hudson Lowe de venir enlever
» par force, sous un prétexte quelconque,
» tous les papiers qui sont à Longwood,
» il ne tient à rien que je ne brûle tous mes
» manuscrits, » il ne le fit pas, et peu de
jours avant mon départ de Longwood, j'ai
vu ce même manuscrit qu'on prétend avoir
été brûlé.

A L'ARCHIDUCHESSE

MARIE-LOUISE,

DUCHESSE DE PARME *.

Londres, le 25 août 1818.

MADAME,

Si Votre Majesté daigne se rappéler l'entretien que j'ai eu avec elle, en 1814, à Grosbois, lorsque la voyant malheureusement pour la dernière fois, je lui fis le

---

* A son arrivée à Sainte-Hélène, le général Gourgaud tomba si dangereusement malade, que les médecins décidèrent qu'il devait changer de climat : il y avait passé plus de 3 ans. Ce fut à son retour en Europe qu'il écrivit cette lettre, après avoir vainement réclamé des souverains d'Autriche et de Russie quelque adoucissement à l'infortune de Napoléon.

récit de tout ce qu'avait éprouvé l'empereur à Fontainebleau, j'ose espérer qu'elle me pardonnera le triste devoir que je remplis en ce moment, en lui faisant connaître que l'empereur Napoléon se meurt dans les tourmens de la plus affreuse et de la plus longue agonie. Oui, Madame, celui que les lois divines et humaines unissent à vous par les liens les plus sacrés, celui que vous avez vu recevoir les hommages de presque tous les souverains de l'Europe, celui sur le sort duquel je vous ai vu répandre tant de larmes lorsqu'il s'éloignait de vous, périt de la mort la plus cruelle, captif sur un rocher au milieu des mers, à 2000 lieues de ses plus chères affections ; seul, sans amis, sans parens, sans nouvelles de sa femme, de son fils, sans aucune consolation.

Depuis mon départ de ce roc fatal, j'espérais pouvoir aller vous faire le récit de ses souffrances, bien certain de tout ce que votre âme généreuse était capable d'entreprendre ; mon espoir a été déçu : j'ai appris qu'aucun individu, pouvant vous rappeler votre époux, vous peindre sa situation, vous dire la vérité, ne pouvait vous approcher ; en un mot, que vous étiez au milieu de votre cour, comme au milieu d'une prison. Napoléon en avait jugé ainsi. Dans ses momens d'angoisse, lorsque, pour lui donner quelques consolations, nous lui parlions de vous, souvent il nous a répondu : « *Soyez bien persuadés que si mon épouse ne fait aucun grand effort pour alléger mes maux, c'est qu'on la tient environnée d'espions qui l'empêchent de rien savoir de tout ce qu'on me fait souffrir, car Marie-Louise est la vertu même.* »

Privé donc du bonheur de me rendre près de vous, j'ai cherché, depuis mon arrivée ici, à vous faire parvenir ces nouvelles ; ce n'est qu'à présent qu'une occasion sûre vient de m'être offerte, et je me hâte d'en profiter pour vous faire parvenir cette lettre, plein d'espoir et de confiance dans la générosité de votre caractère et la bonté de votre cœur.

Le supplice de Napoléon peut durer encore long-temps. Il est temps de le sauver! Le moment présent semble bien favorable: les souverains vont se réunir au congrès d'Aix-la-Chapelle; les passions paraissent calmées; Napoléon est loin d'être à craindre; il est si malheureux, que les âmes nobles ne peuvent que s'intéresser à son sort. Dans de telles circonstances, que Votre Majesté daigne réfléchir à l'effet que produirait une grande démarche de votre part: celle, par exemple, d'aller à ce congrès, d'y solliciter la fin du supplice de Napoléon, de supplier son auguste père de joindre ses efforts aux vôtres, pour obtenir que votre époux lui soit confié, si la politique ne permettait pas encore de lui rendre la liberté.

Lors même qu'une telle démarche ne réussirait pas en entier, le sort de Napoléon en serait bien amélioré. Quelle consolation n'éprouverait-il pas en vous voyant agir ainsi ? et vous, Madame, quel serait votre bonheur ! Combien d'éloges, de bénédictions vous attirerait une telle conduite, que vous prescrivent la religion, votre honneur, votre devoir ; conduite que vos plus grands ennemis peuvent seuls vous conseiller de ne pas suivre. On dirait : les souverains de l'Europe, après avoir vaincu Napoléon, l'ont abandonné à ses plus cruels ennemis ; ceux-ci le faisaient mourir du supplice le plus long et le plus barbare ; la durée de son agonie le réduisait à demander des bourreaux plus prompts. Il paraissait oublié et sans secours ; mais Marie-Louise lui restait, et la vie lui a été rendue.

Ah ! Madame, au nom de ce que vous avez de plus cher au monde, de votre gloire, de votre avenir, faites tout pour sauver votre époux ; l'ombre de Marie-Thérèse vous l'ordonne !

Pardonnez-moi, Madame, pardonnez-moi d'oser vous parler ainsi ; je me laisse aller aux sentimens dont je suis pénétré pour vous ; je voudrais vous voir la première de toutes les femmes.

Que Votre Majesté daigne se rappeler que lors du voyage d'Amsterdam, où j'étais resté malade, j'allais périr faute de soins, lorsque Votre Majesté, en ayant été instruite, m'envoya son médecin avec l'ordre de me prodiguer toutes les ressources de son art : vous m'avez sauvé la vie, Madame; ce souvenir ne s'effacera jamais de mon cœur, et je crois ne pouvoir mieux vous prouver ma reconnaissance, qu'en ayant le courage de vous écrire cette lettre.

Daignez me permettre, Madame, de mettre aux pieds de Votre Majesté les hommages du profond respect avec lequel je suis, Madame, de Votre Majesté, le très-humble et très-obéissant serviteur.

Le général GOURGAUD.

RÉCLAMATION

Adressée aux Souverains *alliés en congrès à Aix-la-Chapelle* (octobre 1818), *et reproduite aux mêmes* Souverains *en congrès à Laybach* (février 1821).

—

Sires ,

La Majesté royale n'a point de juges sur la terre. Toutefois, puisque les souverains eux-mêmes, la dépouillant de son attribut le plus sacré, l'ont soumise à leur tribunal, je viens, avec une respectueuse confiance, leur parler en faveur d'un monarque long-temps reconnu par eux tous, aujourd'hui déchu par eux, captif en leur nom, et donnant en ce moment à l'univers l'exemple de la plus grande, de la plus terrible vicissitude qui fut jamais ; et qui pourrait

26*

s'en dire à l'abri désormais, si l'on viole ainsi l'inviolabilité !

Fidèle à la dignité, supérieur à l'infortune, il n'attend que de la mort seule la fin de ses tourmens. Mais moi, arraché inopinément du roc fatal où je l'entourais de mes soins pieux, je veux encore lui consacrer au loin les restes d'une vie défaillante et chercher à adoucir des maux que je ne puis plus partager.

Cette mission sacrée, que j'ose entreprendre en cet instant, je me la donne moi-même; je la puise dans mon tendre dévouement à sa personne, dans la chaleur de mes affections privées pour celui qui fut mon maître.

Étranger ici à toute politique, je n'aurai d'autre impulsion, je ne prendrai d'autre guide que cette morale sainte et sacrée qui enchaîne les rois et les peuples. Elle sera ma force, mes droits, mon excuse.

Napoléon, sur son roc, est en proie-

aux tourmens, aux privations de toute nature, aux mauvais traitemens des hommes et aux calamités du climat. C'est un fait notoire à tous aujourd'hui, suffisamment prouvé par les documens authentiques sortis du lieu même, et dont j'ose ici placer quelques-uns sous les yeux des hauts souverains.

Or, si le droit de la guerre, si le droit des nations ont dû être méconnus pour le repos du monde, *a-t-on dit*, l'humanité du moins ne saurait aussi avoir perdu tous ses droits.

Depuis trois ans la paix a partout succédé à la guerre, les passions se sont calmées, les nations, les individus, se sont réconciliés ; les gouvernemens, les partis ont désarmé ; le droit commun a partout repris son empire. Un homme seul n'a point participé à ces bienfaits. Il demeure seul encore en dehors des lois humaines. Jeté sur un roc stérile, livré à un climat dévorant, voué aux angoisses d'une mort lente qu'abreuvent chaque jour la haine et les outrages, quel terme fixe-t-on à un aussi étrange supplice? S'il est condamné à vivre, cet état d'exception n'est-il pas trop cruel? Ne le serait-il pas encore bien davantage, s'il était condamné à mourir? Et quels ont été ses crimes? qui l'a entendu? où est le tribunal? sa sentence? ses juges? leurs droits? Dira-t-on qu'il n'y a d'autre garantie contre lui, d'autres sûretés que la prison, les chaînes, la mort? Dira-t-on qu'on ne peut s'en fier à ses actes, à ses promesses, à ses sermens? Citera-t-on le retour de l'île d'Elbe? Mais il était souverain. On avait signé des engagemens avec lui; les a-t-on tenus? Cette fois, en abandonnant le continent, il a abdiqué toute souveraineté. Il a déclaré sa carrière politique terminée; c'est donc un tout autre état de choses. Mais même, dans le cas encore où la mort seule pourrait assouvir la haine et les craintes, pourquoi alors ne l'avoir pas donnée franchement. (Ce sont ses propres paroles). «Une mort prompte, sans être plus juste, serait moins odieuse et plus humaine. Elle deviendrait un bienfait !» Voilà ce qu'il a dit lui-même, écrit, répété. Qui oserait démentir une telle assertion ?

Et quels assez puissans motifs perpétuerait-on pour justifier une aussi intolérable situation ?

A-t-on voulu punir ses envahissemens passés? Mais les peuples ont épuisé leur ressentiment dans la victoire. Ils gardent le silence.

Aurait-on voulu user de représailles? Mais Napoléon s'est trouvé maître chez les autres, en a-t-il agi ainsi? Qu'on se reporte à Austerlitz, au bivouac de Moravie, à Vienne, à Tilsitt, aux conférences de Dresde. Bien plus, qu'on le prenne dans ce dont l'histoire aura le plus de peine à le défendre. Charles IV, captif dans ses mains, put à son gré, et toujours en roi, occuper Compiègne, ou Marseille, ou Rome ; et Ferdinand se vit, à Valençay, constamment entouré de tous les soins de tous les respects qu'il pouvait prétendre. Un prince, qui lui disputait le trône, tomba dans ses mains. Quel usage Napoléon fit-il de la victoire? La liberté immédiate du prisonnier atteste sa magnanimité, et l'histoire la consacrera à côté des indignes traitemens dont on l'accable.

Aurait-on cru devoir renouveler pour lui l'*ostracisme* des anciens : en repoussant d'au milieu d'eux des talens qu'ils croyaient redoutables, ils n'immolaient point leur victime, ils ne la transportaient pas dans un autre univers, ne la fixaient pas sur un affreux rocher, ne l'enchaînaient pas sous un climat brûlant; en un mot, ne chargeaient pas la nature d'un crime qu'on semblerait ici n'oser exécuter soi-même.

Enfin, craindrait-on que ce nom ne fît encore trop au milieu de nous? Mais qu'on prenne garde de manquer le but. Toujours la persécution intéresse les peuples, toujours elle remue les masses constamment généreuses. Et si l'on veut fournir des partisans, ne suffit-il pas de faire des martyrs? De quelle nécessité sont donc d'aussi étranges, d'aussi extraordinaires mesures? Pourquoi violer ainsi à la fois le code des nations, le code des souverains, le code des particuliers?

Parmi les nations civilisées, la fureur s'apaise devant un ennemi désarmé; et parmi les sauvages mêmes, il demeure sacré, surtout *s'il s'est confié à la bonne foi.*

Pourquoi donc continuerait-on de lutter péniblement encore contre ce que réclament l'humanité, la justice, la religion, la morale, la politique, toutes les lois de la civilisation? Pourquoi ne pas s'abandonner plutôt à ce que commande la générosité, ce qu'exigent la dignité, la gloire, les vrais intérêts. Osons le dire ici : « Les » rares exemples des rois dévoués aux » tourmens et à la mort, sont toujours

» flétris par l'histoire, et elle ne doit les
» rappeler qu'avec horreur aux peuples;
» aux rois, qu'avec saisissement.... »

Depuis que j'ai été enlevé de Sainte-Hélène, j'ignore personnellement les changemens qu'aurait pu éprouver le traitement infligé à Napoléon ; mais avant mon départ il était intolérable, sous le rapport de sa dignité personnelle et de son existence morale et physique. Y aurait-on apporté des modifications long-temps réclamées en vain par ses serviteurs; encore n'aurait-on pas pu changer l'influence mortifère du climat, ni toute l'horreur de cet affreux séjour ? Ces circonstances sont telles, qu'elles suffisent seules pour empoisonner toutes les sources de la vie. Il n'est point en Europe de cachot qui ne soit préférable, et pas un être humain, quelque force de corps, quelque force d'âme qu'on lui supposât, ne pourrait en telles circonstances résister long-temps aux terribles effets d'une aussi odieuse prison. Aussi la victime est-elle déjà atteinte d'un mal qui doit la conduire infailliblement sous peu à la mort. La faculté n'hésite point à le prononcer; et moi, dans les angoisses de mon âme, j'ose venir l'exposer devant les augustes souverains, en laissant à leur humanité, à leur propre cœur, à leur haute sagesse, à y pourvoir.

Certes, on ne saurait accuser en moi mon respect, mon dévouement à la souveraineté. Ces témoignages de ma vie seront, en ce moment, la garantie de ma hardiesse auprès des hauts souverains, comme le sentiment de leur dignité, de leurs intérêts, de leur gloire, demeurera celle de mes espérances et de mes vœux.

Le comte de Las Cases.

A L'EMPEREUR D'AUTRICHE,

Accompagnant la note ci-dessus (à lui-même). *Octobre* 1818.

Sire,

J'ai osé, le 10 février dernier, déposer aux pieds de Votre Majesté la sollicitude et les vœux d'un serviteur fidèle en faveur de son maître.

Que Votre Majesté daigne pardonner à ma constance, dût-elle lui devenir importune. J'ose placer ici, sous ses yeux, une note nouvelle en faveur de celui qui fut son *frère* et dont elle fit son *fils*. Je prends la liberté d'accompagner cette note de quelques documens authentiques.

Sire, mon espérance et mes excuses sont dans les qualités privées, les vertus profondes de Votre Majesté. L'Europe se plaît à reconnaître, à proclamer en vous,

le plus droit, le plus moral, le plus humain, le plus religieux des hommes, et
pourtant, c'est en votre nom qu'on torture, qu'on fait mourir celui à qui vous
unîtes votre fille chérie, celui que votre
choix et la religion ont rendu votre fils.

Ah! frémissez qu'on ne rapporte à vos
yeux sa tunique sanglante... Et s'il était
arrivé, ce jour de la justice éternelle, où
le juge suprême des hommes et des rois,
faisant entendre ses jugemens terribles,
demanderait : *qu'as-tu fait de ton fils?
qu'est-il devenu?* Pourquoi séparas-tu l'é-
poux de l'épouse? Comment as-tu désuni
ce qui avait été conjoint et béni en mon
nom? Je puis bien accorder la victoire
à qui il me plaît, mais nul ne saurait en
abuser contre mes saintes lois, sans en-
courir ma colère.

Sire, je m'arrête..... En aurai-je trop
dit? que Votre Majesté pardonne. Ce sont
les sentimens désordonnés, les cris per-
çans que m'arrache le meurtre de mon

maître, exécuté à mes yeux. Sire, c'est à vos genoux, et tout hors de moi, que j'en appelle à votre intercession. C'est contre l'homicide que je vous invoque. Ah ! ne soyez pas insensible !.....

Je suis, etc., etc.

Le comte DE LAS CASES.

—

A L'EMPEREUR ALEXANDRE

(à lui-même).

SIRE,

Une nouvelle occasion solennelle se présente d'élever jusqu'à votre Majesté d'humbles et respectueux accens : je la saisis de nouveau avec empressement.

Je craindrai peu de me rendre impor- tun ; mon excuse et mon pardon sont dans la générosité de votre âme.

Sire, rappeler en ce moment à votre attention et à celle de vos hauts alliés, l'auguste captif qui fut mon maître, et que vous appelâtes long-temps votre *frère* et votre *ami*; chercher à détourner vos pensées et les leurs sur cette victime, dont la cruelle agonie m'est sans cesse présente, c'est je le sais, faire entendre la *cloche de la mort au milieu de la joie et des festins*; mais en cela, Sire, je crois, aux yeux de Votre Majesté même, remplir un honorable et pieux devoir, dont l'accomplissement me demeurerait toujours doux, quelque périlleux qu'il pût être.

Sire, réduit à un état d'infirmité et de faiblesse qui me permet à peine de lier quelques idées, je vais suivre l'instinct de mon cœur, au défaut des facultés de ma tête, en me contentant de reproduire littéralement ici à Votre Majesté, la note que j'osai lui adresser à Aix-la- Chapelle. Aussi bien les circonstances étant demeurées les mêmes, rien n'ayant changé depuis à cet égard, que pourrais-je faire de mieux que de replacer. sous les yeux de Votre Majesté les mêmes tableaux, les mêmes faits, les mêmes raisonnemens, les mêmes vérités.

Seulement si, en dépit de ce que je semblais y affirmer alors, l'illustre victime, contre mes craintes et celles de toute la faculté, respire encore ; si elle n'a pas déjà succombé, j'oserai observer à Votre Majesté que cette prolongation inespérée de sa vie, qui n'est pour elle que la continuité de son supplice, est peut-être pour Votre Majesté un bienfait du ciel que la providence ménage à votre cœur et à votre mémoire.....

Ah ! il en est donc temps encore !! ... Mais le moment précieux peut échapper à chaque instant *à toute votre puissance* ! ! Et que seraient alors des regrets tardifs, impuissans, qui ne pourraient apaiser votre cœur, ou restituer à votre mémoire un acte magnanime, généreux, la nature de gloire la plus douce, la plus morale, la plus recommandable à la postérité, la mieux entendue peut-être dont vous eussiez pu embellir votre glorieuse vie : je veux dire l'oubli des injures, le dédain des vengeances, les souvenirs de l'ancienne amitié, enfin le respect dû à la Majesté royale, à un oint du seigneur.....

Sire, depuis mon retour en Europe, séparé de la société des hommes, en proie à des souffrances désespérées, puisées à Sainte-Hélène même, appartenant, désormais et sans rětour, bien plus à l'autre vie qu'à celle-ci, j'élève dans ma retraite, chaque jour, mes mains vers le Tout-Puissant, pour qu'il daigne toucher le cœur de votre Majesé, et l'éclairer sur une portion si essentielle de ses intérêts et de sa gloire.

Je suis, etc., etc.

Le Comte DE LAS CASES.

RÉCLAMATION

EN FAVEUR,

DE L'EMPEREUR NAPOLÉON,

Présentée au congrès d'Aix-la-Chapelle, en l'an 1818, par un jurisconsulte distingué de l'Allemagne.

—

Posons d'abord la base sur laquelle reposent les réflexions que nous soumettons à l'examen de l'auguste congrès :

Napoléon Bonaparte a été oint et couronné Empereur et Roi ; c'est un fait historique incontestable et indestructible. Mais le Tout-Puissant, qui dispose des couronnes, l'a privé de la sienne. En le livrant aux souverains alliés, le Roi des rois les a constitués juges d'un prince auquel il avait lui-même naguère ; dans ses impénétrables desseins, confié les destinées de plusieurs millions de ses enfans. Les princes alliés doivent-ils remplir en personne ces fonctions terribles et sacrées, selon les sentimens de justice et de générosité qui les animent ? Doivent-ils en abandonner plus long-temps l'exercice à des agens subalternes qui, comme on le voit par les feuilles publiques, en font un si barbare usage ? Telle est la double question que nous nous proposons d'éclaircir. Tout lecteur impartial se convaincra bientôt qu'elle nous est dictée par le respect le plus profond pour les princes, le zèle le plus pur pour leurs vrais intérêts. L'opinion publique prononcera s'il était temps de l'aborder et de la résoudre.

Les rapports des états de l'Europe sont réglés. Fatiguée de la longue et sanglante lutte où l'entraîna la révolution française, cette partie du monde repose enfin dans le calme de la paix : l'ambition est proscrite ; un nouveau système politique couvre les nations de son abri tutélaire; les bases en sont assises sur la clémence et la charité chrétienne. Le bonheur des peuples, vraie force des rois, est assuré par des constitutions représentatives; et, pour effacer jusques aux dernières traces du fléau de la guerre, un nouveau congrès réunit les pacificateurs du monde, et va décider si la situation intérieure de la France permet de retirer de son territoire l'armée d'occupation. De tout côté se prononce un esprit d'ordre, de clémence et de réconciliation.

Ce moment nous paraît favorable pour proposer à la sagesse des souverains une seconde question : Est-elle passée, la crise politique qui conseillait l'exil de Napoléon sous le ciel brûlant de l'Afrique ? et le temps n'est-il pas venu où les sentimens humains et magnanimes, qui rendirent le calme à l'Europe, peuvent aussi reprendre un libre cours envers un prince qui expia de grands torts par des malheurs plus grands encore ?

Sans anticiper ici sur la décision des souverains alliés, indiquons quelques principes qui peuvent fixer plus exactement le point de vue sous lequel la grande question qui nous occupe doit être envisagée ; les uns tiennent à l'histoire, les autres à la politique.

Il suffit de jeter un coup d'œil sur l'histoire des nations, pour se convaincre que les règnes de presque tous les princes parvenus à un haut point de gloire, ne présente qu'une suite de guerres et de calamités de toute espèce. Quels fleuves de sang n'ont pas coûté la renaissance de l'empire d'Occident sous Charlemagne, la lutte du sacerdoce et de l'empire sous les Hohenstauffen, la rivalité de François Ier et de Charles-Quint, les guerres de religion sous Ferdinand II et Gustave-Adolphe, les conquêtes de Louis XIV? Les noms de ces princes brillent cependant avec éclat dans les annales de l'histoire ; ils font l'orgueil des peuples auxquels ils ont ap-

partenu. Ont-ils manifesté moins d'ambition que Napoléon ? ont-ils moins que lui
exposé, sacrifié des générations entières
pour atteindre un but chimérique ? Mais
le vulgaire donne souvent le nom d'ambition à ce qui ne fut que l'effet inévitable
du concours des circonstances. Il est une
époque dans la vie des princes qui par-
viennent à un haut degré de gloire, où il
leur est aussi impossible de ne plus marcher
en avant, que de reculer. Tant que la fortune et la gloire entourent leur sceptre,
les hommes s'attachent avec enthousiasme
à leur éclatante destinée ; soit par ambition, soit pour réaliser eux-mêmes d'heu-
reuses espérances et de brillantes chimères.
Le but est différent, mais l'effet en est le
même ; celui qui, dans ces momens d'agi-
tations et de troubles, marche à la tête du
siècle, est entraîné de victoire en victoire,
jusqu'à ce qu'enfin le destin se dévoilant
et prononçant son arrêt irrévocable, le
héros admiré termine sa carrière dans les

combats, dans un cloître ou sur un lit de douleur, tourmenté du regret que lui causent tous ses infructueux efforts.

Mais le bonheur et l'existence des innombrables victimes de ces luttes ont-ils été inutilement sacrifiés ? Non, l'avenir en reçoit les précieuses semences dans son sein, et c'est cet espoir qui rend, sur le champ de bataille, la mort si douce aux âmes grandes et généreuses. Ce n'est pas pour couronner des lauriers de la victoire les drapeaux de telle ou telle nation, ce n'est pas pour porter un grand capitaine au faîte de la gloire, que le destin met en jeu les forces de tout un hémisphère, qu'il agite les esprits de tant de millions d'hommes, par des espérances qui, renouvelées d'âge en âge, ne s'accomplissent jamais pour l'individu. Le destin n'a pas même en vue l'avantage particulier d'une nation quelconque, mais seulement le *perfectionnement* universel qui doit dériver de l'impulsion donnée aux esprits et naître des

cendres des victimes. Ce destin ne considère ni les personnes, ni les peuples; il ne
connaît que les générations. Qui osera lui
demander pourquoi il préfère ainsi les
voies du sang à celles de la paix, pour arriver aux bienfaits qu'il nous prépare!

Mais si ce destin, dans sa marche et
dans ses intentions, reste enveloppé du
mystère, ses résultats n'en brillent pas
moins au grand jour.

Parmi les anciens dévastateurs du
monde, nous voyons Sésostris transporter
en Égypte la culture de l'Inde; Alexandre
introduire en Asie les arts et les mœurs
de la Grèce. Les conquêtes de Rome en-
veloppent dans une domination commune,
le midi de l'Europe, pour amener ses
habitans à une communauté de mœurs et
de civilisation. Charlemagne jette les
fondemens de l'empire Germanique qui,
sans les conquêtes sur l'Elbe, loin de former un état fédéré, fût devenu pièce à pièce
la proie des hordes Asiatiques qui le me-

naçaient. Sans les croisades sous les Frédéric, l'Europe, dénuée d'arts et d'argent, n'eût pas contracté sitôt des relations avec l'opulente Asie ; le commerce, les métiers, la navigation n'eussent point pris leur essor ; l'on n'eût jamais parlé des traits brillans qui honorent la chevalerie.

Mahomet II renversa avec ses hordes belliqueuses l'empire dégénéré de Byzance, et les Grecs fugitifs apportent les trésors des arts et de la littérature dans ce ténébreux occident, qui vit poindre dès lors l'aurore brillante du seizième siècle. La sanglante rivalité de François Ier et de Charles-Quint développe une suite de talens, tels que n'en fit voir aucun siècle de l'histoire moderne, et qui seuls peut-être préservèrent l'Europe de sa métamorphose en provinces turques. Les longues guerres de religion amenèrent l'amélioration des formes sur lesquelles repose la foi, cette propriété spirituelle de l'homme ; les guerres non moins longues de la révolution ont amené le perfectionnement des formes sociales, et on ne peut disputer la part qui en revient à Napoléon; l'on ne peut méconnaître les progrès qu'ont fait depuis trente ans tous les peuples de l'Europe. L'Allemand, le Français, l'Italien, le Polonais se montre aujourd'hui citoyen, comme soldat, tout autre qu'il n'était vers la fin du siècle précédent. Jusque dans les régions les plus reculées du vaste empire Russe, l'esprit du temps a étendu son influence, et le développement des nations qui le composent a fait en dix années les progrès d'un demi-siècle. La Chine nous fait voir la dégénération inévitable des peuples condamnés à un calme perpétuel. Les souverains s'abusent en cherchant leur sûreté dans ce repos; jamais un essaim de Tartares n'eût conquis tout l'empire et précipité du trône la dynastie régnante, si les Chinois n'eussent totalement perdu l'habitude de la guerre; et maintenant encore un Charles XII, avec 80,000 braves, conquerrait toute la Chine.

Si donc l'histoire démontre ce que nous venons d'avancer, que de tout temps le destin se servit des conquérans pour l'exécution de ses projets; s'il est prouvé que ces projets, obscurs dans le principe, se prononcent ensuite par les plus heureux résultats, pourrions-nous encore nous croire autorisés à frapper d'une sentence trop sévère ceux que le destin a choisis pour être ses instrumens ? Ne pourrait-on pas justifier l'indulgence et la générosité envers un conquérant qui, chez les peuples conquis, fonda des institutions administratives, financières et judiciaires, que les vainqueurs eux-mêmes reconnaissent et perfectionnent, et auxquelles la France doit peut-être de survivre à tant et de si grands malheurs ? L'humanité ne parlerait-elle pas en faveur d'un conquérant qui, en perfectionnant la tactique des peuples de l'Europe, les a mis à l'abri des tentatives des autres conquérans; qui leur apprit, par le système continental, à trouver la

28*

prospérité au-dedans de leurs frontières, et les préserva ainsi du sort affreux de devenir avec le temps, comme les Indes orientales, colonies de l'Angleterre; sort auquel en Europe le Portugal a déjà succombé? Celui qui a brisé la force de ces vassaux feudataires, qui depuis des siècles se pressaient entre les princes et les peuples, qui agrandit la puissance des premiers en étendant la liberté des autres? Celui qui, mettant un terme aux mouvemens révolutionnaires, montra aux peuples la liberté dans la monarchie constitutionnelle, et aux princes leur force dans le système représentatif, qui augmente leur autorité de toute la puissance de la volonté nationale! Celui qui a si bien ranimé l'attachement et le respect de tous les peuples envers leurs princes, qu'ayant trouvé l'Europe dans une tendance au républicanisme, il lui en a imprimé une toute monarchique? Napoléon enfin n'a-t-il pas, par d'innombrables établissemens d'éducation publique, créé des mœurs à un peuple rendu sauvage par la révolution? N'a-t-il pas relevé les autels de la religion, et prononcé partout l'égalité des cultes et celle des diverses classes de citoyens devant la loi? Oh! si l'on évoque les ombres des victimes de son ambition, que l'on écoute aussi les voix innombrables de ceux auxquels ses institutions rendaient une religion et des mœurs; auxquels son système continental donna l'indépendance et du pain !

Qui peut déterminer dans quelle intention le destin a fait passer l'Europe par cette longue épreuve de guerre et de souffrance? Qui peut prévoir les périls que lui réserve le sein ténébreux de l'avenir, périls que son caractère retrempé, ses forces exercées, lui rendraient bien plus faciles à surmonter? Et si le jour d'une secousse violente arrive, et qu'il nous faille avouer que, sans l'école faite sous Napoléon, nous n'en fussions pas sortis vainqueurs; si déjà même aujourd'hui nous sommes obligés de convenir que sans elle nous ne serions pas à la hauteur à laquelle nous nous trouvons, et où nos prochaines institutions pourront seules nous maintenir ; si, dis-je, tout cela est évident, l'improbation intérieure ne se prononcerait-elle pas hautement contre le traitement indécent que se permettent des agens subalternes envers le fondateur, même involontaire, de notre régénération politique ?

Dira-t-on peut-être : Napoléon ne fut que l'instrument de la providence ; un torrent de circonstances favorables le porta seul au bien qu'il a fait ? à la bonne heure ! mais alors ce qu'il fit de mal, ses souffrances, les peines dont il fut la cause, doivent être mises sur le compte du destin, ou du moins pour la part qui leur advient, sur le compte de ceux qui applaudissaient à chaque nouvelle guerre par leurs conseils et leurs encouragemens ; sur le compte de cette noblesse qui n'y voyait qu'un moyen de s'élever encore, elle et les siens,

et d'obtenir de nouvelles grâces de la libéralité de l'empereur ; sur le compte de ces
courtisans qui ayant toujours à la bouche
ces mots : *le Maître le veut !* repoussaient
toute objection raisonnable et prétextaient
de l'impatience de l'empereur contre toute
contradiction, comme pour excuser leur
silence calculé par un lâche égoïsme ; sur
le compte de ce maréchal à qui, dans
une conférence relative à la guerre de
Russie, où quelqu'un observait que les
Français étaient las de la guerre, l'empereur demanda s'il en était ainsi, et qui lui
répondit : Sire, les Français sont un peuple éminemment belliqueux ; réponse par
laquelle le penchant flatté de l'empereur
emporta l'équilibre contre la voix de la
raison ; sur le compte de ce ministre qui,
avec une confiance illimitée en sa propre
personne, fit échouer à Dresde toutes les
propositions de paix ; de cet autre ministre
qui, étouffant par ses comités de l'esprit
public toute liberté de la presse, ôtait à

l'empereur les moyens de connaître l'opinion publique, et par ses faux rapports sur la disposition générale des esprits, par des articles de journaux maladroits, contribua beaucoup à rompre les négociations de Châtillon. Car, comme Napoléon tâchait de convaincre l'Autriche de la sincérité de ses sentimens, un négociateur autrichien, tirant de sa poche le dernier numéro du *Journal de l'Empire*, lui en montra les articles outrageans contre cette puissance. Napoléon, indigné, écrivit au ministre : « Vous m'empêcherez donc de » faire ma paix avec l'Autriche ! Ne vous » mêlez plus de politique. » Et cependant ces hommes (sauf le premier que la main du sort a frappé), jouissent d'une entière liberté, tandis que la malheureuse victime de leurs funestes conseils gémit enchaînée au rocher de Prométhée.

Il importe à tous les souverains d'éloigner du trône la faute et le reproche, et de les faire tomber sur la tête de ceux qui, par leurs conseils et leurs applaudissemens, ont une part si essentielle aux résolutions de leurs maîtres ; c'est l'intérêt commun de ceux-ci, d'établir la responsabilité des ministres comme maxime du droit des gens ; c'est la seule manière de les rendre plus circonspects dans leurs délibérations sur des entreprises extérieures, et de conserver aux princes l'amour de leurs sujets.

Passons maintenant aux motifs politiques qui demandent qu'on s'occupe du sort de Napoléon. Ils se fondent en partie sur la disposition actuelle des esprits en Europe, en partie sur l'intérêt même des souverains. Sous le premier rapport, il est difficile de voir en quoi plus de douceur, plus de dignité dans le traitement de Napoléon serait à redouter pour le repos des nations. On prétendra peut-être que plus Napoléon aurait de liberté dans un autre séjour, plus on courrait de risque de le voir s'échapper. Mais en supposant même que Napoléon, violant l'hospitalité qu'un des souverains lui aurait accordée dans ses états, réussît, en dépit de toutes les mesures, à s'échapper secrètement du lieu fixé pour son exil, et voulût essayer encore une fois de jouer un rôle politique, trouverait-il encore un parti? Non, l'opinion publique a pris une direction entièrement défavorable à sa résurrection politique. Les peuples ne veulent plus des princes qui, comme Napoléon, fassent le bien, même en dépit des formes légales, et puissent mettre de côté toute concurrence des représentans de la nation. Les souverains alliés ont accoutumé l'Europe à ne respecter la puissance que dans les mains des princes dont la couronne se pare du doux éclat des vertus pacifiques. L'Europe est trop forte et trop civilisée pour pouvoir supporter de sitôt le retour d'une domination militaire; et Napoléon, remonté sur le trône, ne pourrait jamais en supporter le partage avec l'opinion publique. Les circonstances, d'ailleurs, sont entièrement changées depuis trois années; ce qui alors était chancelant, a pris de la solidité; une expédition aventureuse ne saurait renverser pour la seconde fois un gouvernement dont la conservation se lie à de si grands intérêts. Napoléon et l'Europe ne valent plus rien l'un pour l'autre; le rôle dont le destin avait chargé ce prince, est fini. Les effets qui devaient en résulter, ces formes plus libérales des relations sociales existent, et excluent nécessairement l'arbitraire avec lequel Napoléon les amena, et auquel son caractère le forcerait d'avoir encore recours. Les nations ne l'ignorent pas; et voilà pourquoi Napoléon apparaît devant elle comme un grand monument du passé, mais non plus comme l'étoile de l'avenir. Ceux qui soutiennent le contraire, non-seulement calomnient les peuples, mais ils violent aussi le respect dû aux princes, en manifestant la crainte que l'apparition d'un seul homme en Europe pût renverser toute leur nouvelle création politique , et en cherchant à justifier par ce motif les mauvais traitemens qu'éprouve Napoléon. Ainsi donc , l'état actuel des choses ne serait que forcé ; il ne serait pas fondé sur les besoins des peuples ? Non ! le nouvel ordre de choses , élevé par les alliés eux-mêmes , sur la base solide du système re-présentif, a subi l'épreuve de la liberté de la presse ; il supportera aussi celle bien moins difficile d'un traitement plus décent envers Napoléon. De même que les souverains éclipsèrent Napoléon en protégeant la liberté de la presse , puissent-ils aussi le vaincre en humanité ! Puissent-ils lui préparer un sort digne d'eux et de lui !

Je dis, digne d'eux : car il ne s'agit pas ici de la personne seule de Napoléon Bonaparte ! Il s'agit d'un prince déchu, il s'agit de l'empereur qui porta deux puissantes couronnes, vers lequel des millions d'hommes dirigeaient leurs espérances, pour

lequel des millions de vœux et de prières s'é-
levaient des autels du seigneur vers le ciel.
N'en serait-il pas tenu compte dans la balance céleste, aussi bien que des larmes qu'il
fit répandre? Il s'agit d'un oint du Seigneur,
d'une tête sacrée par le chef de l'église, à
laquelle l'onction a imprimé le caractère
ineffaçable de la sainteté, de même que
l'onction cléricale l'imprime au prêtre qui
la reçoit; empreinte qui, vu le respect
que le genre humain doit au souverain
comme au ministre des autels, ne doit
être reniée ou profanée ni dans l'un ni
dans l'autre. Il s'agit du ci-devant allié, de
l'ami, du parent des dominateurs de l'Europe, dont la dignité est violée, si celui
qu'ils honorent du titre de frère, se voit
traité par une poignée d'égoïstes d'une manière avilissante autant qu'inhumaine, et
devient, à force d'outrages et de privations, la proie d'une mort lente et inévitable. Il s'agit du maintien de ce respect
religieux dû aux princes dans les revers

comme dans la plus haute fortune, et qui s'affaiblirait pour les plus heureux, si l'on permettait plus long-temps de le perdre de vue pour celui qu'accable l'adversité. Il s'agit enfin de la gloire future des souverains actuels de l'Europe, gloire que l'histoire, plus sévère à l'égard des princes qu'envers les particuliers, mettra de siècle en siècle dans un jour plus éclatant. Aussi long-temps que les noms de ces souverains seront cités et loués dans l'histoire, aucune puissance divine ni humaine ne saurait empêcher que celui de Napoléon ne soit écrit à côté des leurs. L'histoire présentera à la postérité étonnée, Napoléon au congrès de Léoben, de Presbourg, de Tilsitt et de Vienne ; elle le montrera à Dresde, au milieu des potentats de l'Europe ; dans la chapelle conjugale, à côté de l'auguste fille des Césars ; dans l'assemblée des princes, près du berceau de l'enfant impérial ; mais elle l'exposera aussi aux regards des générations à venir, proscrit sur les rochers d'une île meurtrière, éloigné des objets qui doivent lui être plus chers que toutes les couronnes, succombant à la douleur de cette séparation, abandonné aux influences d'un climat destructeur, également privé de l'abri et des alimens nécessaires pour supporter un pareil séjour. « QUI RÉGNAIT ALORS EN EUROPE ? » demanderont les générations. Étaient-ce ces mêmes princes qui tantôt entretenaient avec lui les relations les plus amicales ; tantôt, dans les champs de la gloire, lorsque les vicissitudes humaines les y conduisirent, lui opposèrent une noble résistance, et eurent le bonheur de le vaincre? Étaient-ce ceux qui présentèrent pour but unique de leurs armemens la liberté et le bonheur des peuples, et qui prouvèrent par une longue suite de procédés magnanimes, qu'ils accomplissaient leurs promesses ? Dieu avait prononcé entre eux et lui ; il avait mis le vaincu en leur puissance ; pouvaient-ils transmettre à une

29*

poignée de gens obscurs et inhumains le droit sacré de juger un prince? Voilà ce que demandera la postérité, et le moment actuel va décider de la réponse que lui fera l'histoire. Un antique adage populaire dit: *Ne porte point la main sur l'oint du Seigneur*, et une croyance bien plus ancienne regardait comme sacrés et inviolables ceux que la main du Seigneur avait frappés, que le sort avait dévoués à la justice vengeresse de Némésis, et prédisait malheur à celui qui attenterait à leur personne. Appliquons cette ingénieuse fiction à la question qui nous occupe.

Némésis marche sans cesse à la suite des heureux et des puissans, et observe l'usage qu'ils font de la masse de gloire et de grandeur qui leur fut accordée. Elle passe avec ménagement auprès des hommes médiocres auxquels le destin n'accorde aucune faveur particulière ; mais elle frappe inexorablement ceux qui, glorifiés aux yeux des autres, abusent de leur pouvoir. Elle a exécuté contre Napoléon sa justice vengeresse. Elle a fait voir que même le plus puissant doit se soumettre à son terrible empire ! Mais depuis qu'elle l'a frappé, devenu l'un de ces élus, il est sous sa protection redoutable. Elle regardera comme un aveu de sa puissance la générosité exercée envers lui, et l'agréera comme une expiation de la plénitude de gloire et de domination que le destin, dans son inconstance éternelle, a fait passer des mains de Napoléon dans celles des princes alliés.

Quoique les augustes monarques puissent décréter sur le sort futur de Napoléon ; dès qu'ils exerceront eux-mêmes, et seulement par eux-mêmes, leur imposante juridiction, et ne l'abandonneront plus à des mains subalternes, on doit être bien convaincu que la sentence portera l'empreinte de la clémence et de la magnanimité.

ANECDOTES.

—

I.

Plusieurs jours avant sa mort il avait fait mettre le buste de son fils au pied de son lit, et ses yeux restèrent fixés dessus jusqu'à son dernier soupir. Il avait l'air endormi. Sa figure était calme; il était facile d'y reconnaître quelque chose de noble et d'imposant. On a placé sur son cercueil l'épée et le manteau qu'il portait à Marengo.

II.

Dans les trois premières années de son exil, Napoléon n'était pas informé, ou l'était mal, de la situation de l'Europe. Sir Hudson, minutieux observateur de sa consigne, gardait son prisonnier avec la rigoureuse sévérité d'une sentinelle. Ce gouverneur, en envoyant au monarque captif les *papers-news* du continent, en coupait les marges et les blancs, parce qu'on aurait pu y écrire avec de l'encre sympathique. Il oubliait que le comte Bertrand, que M. de Montholon, que le docteur O'Méara, que le valet de chambre Marchand avaient, de toute nécessité, des relations avec les habitans de l'île et par ceux-ci avec l'Angleterre, la France et l'Italie. Peu à peu la vérité filtrait, pour ainsi dire, goutte à goutte; il vint enfin un moment où Napoléon sut tout. Quand il connut 1815 et ses horreurs stupides, il dit : En 1793, ce fut la terreur des maniaques; en 1815, celle des *crétins*. (On sait que ces malheureux, quelquefois fort méchans, sont tous plus ou moins imbéciles.)

III.

Depuis deux ans il se levait et se couchait de bonne heure. C'était le plus souvent au bain qu'il dictait à M. de Montholon, et auparavant au comte Las-Cazes, ses

Mémoires, qui sont prêts à paraître à Londres. On parle d'un écrit reconnu pour être de sa main par le maréchal Bertrand, et intitulé : *Les Trente-Cinq Jours* *. Il y a aussi un morceau précieux qu'il appelait, en raillant : *Histoire de mon Usurpation;* car, ajoutait-il, le succès ne m'a pas *légitimé.*

IV.

Il affectionnait particulièrement le docteur Arnott, avec lequel il se plaisait à discuter sur son mal, qu'il lui soutenait être incurable. On assure qu'il laisse à ce médecin 500 napoléons et une tabatière sur laquelle il a gravé lui-même, avec un poinçon, l'initiale de son nom. Il a aussi fait un legs considérable au cocher qui le sauva de l'attentat du 3 nivôse (la machine infernale). Son désir était que Bertrand possédât son cœur; mais les sentimens gé-

* Inséré sous ce titre même, dans ses œuvres, 4 vol. in-18 : c'est *la Campagne de 1815.*

néreux ne sont pas dans *la consigne* de sir Hudson.

V.

On a publié à Londres des lettres du docteur O'Méara, dans lesquelles il a cherché à démontrer, 1° que Napoléon était mort de la maladie du foie; 2° que lui, O'Méara, l'aurait guéri, s'il eût obtenu la permission de retourner auprès de l'illustre prisonnier.

VI.

Napoléon aima beaucoup Marie-Louise; mais depuis les événemens de 1814, toute sa tendresse semblait surtout s'être réunie et comme ramassée sur le prince *Eugène*, si digne en effet de cet auguste attachement, et sur NAPOLÉON FRANÇOIS, qu'une fausse politique titra du nom de *Roi de Rome*, mais qui n'aura jamais de titre plus grand que celui de FILS DE NAPOLÉON. Le grand homme, auquel cet enfant doit la vie, n'a senti se ranimer et battre son cœur depuis six ans, qu'au souvenir de cet être chéri; ce fut une fête à Longwood, quand son buste, payé au poids de l'or, y fut inauguré : et les regards mourans du père se sont attachés et pour ainsi dire éteints sur l'image du fils.

KLÉBER.

En Egypte, un jour Napoléon ordonna un mouvement à Kléber; celui-ci, non content de ne pas le faire exécuter, parce qu'il le désapprouvait, laisse encore éclater des murmures devant l'aide de camp qui lui avait apporté les dépêches. Sommé une seconde fois d'obéir, il refuse avec obstination; le général en chef lui envoie l'ordre de se rendre au quartier-général; lorsqu'il y arrive, Napoléon est entouré de tout son état-major.

A l'aspect de Kléber, à la fierté de sa contenance, à la colère dont il semblait animé, les officiers d'état-major s'attendent à être témoins d'une scène violente, et leurs yeux inquiets se dirigent vers le général en chef, dont la petite taille, la maigreur, le teint pâle et l'air fatigué contrastent avec l'air presque héroïque de Kléber. Napoléon, qui devine cette impression, et dont le coup d'œil perçant a lu dans l'esprit de ceux qui l'entourent, change tout-à-coup de contenance ; son regard s'anime, sa voix prend un éclat extraordinaire : « Qui de nous, s'écrie-t-il, est ici au-dessus de l'autre ?... Général Kléber, vous n'avez de plus que moi que la tête... Encore un acte d'insubordination, et cette différence pourra disparaître !... Allez ! »

Kléber, étourdi et comme subjugué par cette apostrophe inattendue, s'incline et se retire pour exécuter les ordres du général en chef qui, satisfait de l'exemple qu'il vient de donner, semble l'oublier le lendemain en traitant le général Kléber comme s'il n'avait jamais eu à s'en plaindre.

LE CAMÉRIER DU PAPE.

La cérémonie du sacre de Napoléon
donna lieu à une aventure fort plaisante.
Le moment fixé pour le départ du pape
des Tuileries pour l'archevêché, éprouva
un instant de retard par une cause singu-
lière. Tout le monde ignorait en France,
et même aux Tuileries, qu'il était d'usage
à Rome, quand le Pape sortait pour officier dans les grandes églises, comme celle
de Saint-Jean de Latran, par exemple,
qu'un de ses principaux camériers partît
un instant avant lui, monté sur un âne et
portant une grande croix de procession. Ce
fut au moment de se mettre en marche
qu'on apprit cette coutume. Le camérier
n'aurait pas voulu pour tout l'or du monde
déroger à l'usage et prendre une plus noble
monture; il fallut donc mettre tous les piqueurs des Tuileries en recherche. On eut
le bonheur de trouver un âne assez propre
que l'on se hâta de couvrir de galons; le

camérier traversa avec un sang-froid imperturbable l'innombrable multitude qui bordait les quais, et qui ne pouvait s'empêcher de rire à ce spectacle bizarre qu'elle voyait pour la première fois.

LES RUBANS TRICOLORS.

Dans un temps où les malheurs de la révolution avaient réduit la vicomtesse de Beauharnais à un état voisin de l'indigence, madame de Bourdic-Viot lui avança une somme de mille écus. Plus tard, elle trouva l'occasion de lui rendre un nouveau service, en lui prêtant son équipage et ses diamans, dont Joséphine avait besoin pour paraître à une soirée du vicomte de Barras.

On sait que ce fut chez ce directeur que Joséphine rencontra Bonaparte; bientôt attachée aux destins du jeune général, et comme lui devenue consulaire, elle n'oublia point ce qu'elle devait à l'amitié et à la reconnaissance : madame de Bourdic-

Viot fut présentée par elle à son époux, qui nomma M. Viot ambassadeur.

A l'époque où Bonaparte abandonna l'Egypte, l'étonnement avait été universel; chacun blâmait intérieurement cette démarche; mais personne n'osait se prononcer. Madame Bourdic fut une des premières qui sut à quoi s'en tenir sur ce retour imprévu, et qui se prépara avec le plus de présence d'esprit aux événemens qu'il devait nécessairement amener.

« Nous touchons à une crise, dit-elle un jour, après s'être soigneusement enfermée avec M. Lafont-d'Auxonne, l'un de ses amis; nous approchons d'un dénouement qui va nous perdre ou nous sauver. L'Africain n'est de retour à Paris que pour changer l'état. Les deux premiers jours tous les partis ont demandé sa tête; le jour suivant tous les partis l'ont vu à la dérobée; il est plus fin qu'eux tous; il les tient par leurs confidences. Ils lui ont laissé voir leurs espérances; il s'en empare. Ils lui ont avoué leurs ja-

louées ; ils sont vaincus. Barras veut une
monarchie avec les deux chambres ; l'abbé
Sieyes, une monarchie avec un sénat. Avant
trois jours vous allez voir proclamer un roi
de France, soit Monsieur, soit le duc de
Chartres, soit un prince de la maison de
Brunswick. Dans tous les cas, ajouta-t-elle
en ouvrant un carton plein de rubans dé-
roulés, voici les précautions que m'a dictées la prudence. Si la maison d'Orléans a
le dessus, voilà pour les cocardes vertes ;
si l'on nous donne un Brunswick, voilà
pour les cocardes bleues, si la famille de
Louis XVI est rendue à nos vœux, voilà
du ruban blanc à profusion. Je suis pour
le blanc, reprit-elle avec l'émotion la plus
vraie. Mais si on laisse le sort des Bourbons
à la discrétion de Bonaparte, je crains de
sa part quelque grande infidélité. Ce Corse
a tout l'air d'un corsaire. »

Les pressentimens de madame Bourdic se
confirmèrent en partie, et ses précautions
devinrent inutiles. Bonaparte dispersa les

tribuns, les anciens et le directoire. Il se fit consul, et ne se montra fidèle qu'aux couleurs de la nouvelle France. Les divers rubans de madame Bourdic restèrent donc cachés dans son carton, et ce fut quelque temps après que son mari alla représenter le corsaire en Italie.

FIN.

TABLE

DES MATIÈRES.